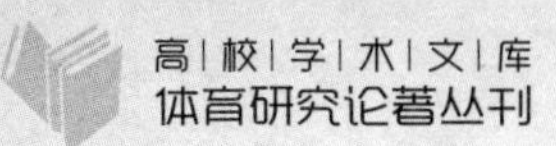

现代散打技法解析与训练研究

翟 磊 著

图书在版编目(CIP)数据

现代散打技法解析与训练研究/翟磊著．—北京：
中国书籍出版社，2017.6
ISBN 978-7-5068-6265-3

Ⅰ．①现… Ⅱ．①翟… Ⅲ．①散打(武术)—中国
Ⅳ．①G852.4

中国版本图书馆 CIP 数据核字(2017)第 152763 号

现代散打技法解析与训练研究

翟　磊　著

丛书策划　谭　鹏　武　斌
责任编辑　成晓春
责任印制　孙马飞　马　芝
封面设计　马静静
出版发行　中国书籍出版社
地　　址　北京市丰台区三路居路 97 号(邮编：100073)
电　　话　(010)52257143(总编室)　(010)52257140(发行部)
电子邮箱　chinabp@vip.sina.com
经　　销　全国新华书店
印　　刷　三河市铭浩彩色印装有限公司
开　　本　710 毫米×1000 毫米　1/16
印　　张　17.75
字　　数　230 千字
版　　次　2019 年 6 月第 1 版　2019 年 6 月第 1 次印刷
书　　号　ISBN 978-7-5068-6265-3
定　　价　69.00 元

目 录

第一章　散打基本知识概述

散打运动是我国传统武术搏击运动项目之一，具有悠久的历史与文化内涵。散打具有一定的比赛规则，双方在规则允许的情况下充分发挥各自的技法切磋技艺。本章主要对散打运动的基本知识内容进行系统论述，以为散打运动者和爱好者全面了解、认识、理解散打运动提供必要的理论指导。

第一节　散打的起源与发展

一、散打的起源

散打，又叫作散手，是古代徒手搏斗的一种重要方式，在历代有着不同的称谓，如“相搏”“角抵”“手战”“手搏”“相搏”“卞”“白打”“拍张”“抢手”“打擂台”等名称。

散打运动是中国传统武术的重要组成部分，也是武术中技击方法的重要表现形式之一。以武术技法徒手搏击的散打，其形成源于人与兽、人与人的搏斗活动。

（一）散打的劳动起源

散打运动起源于古代人们的生存需要和生产劳动，并以此为基础慢慢演化而来。

远古时期，人们的第一需要是生存发展的需要，在最为原始的生活环境中，人们所面临的生活环境十分严峻，需要在艰苦的条件下与自然进行搏斗，才能获取相应的生产生活资料。这一时期，肢体运动是人获得生产生活资料的重要途径。人们每天都需要采摘果实、菌类，狩猎动物，进行粗放式的农业生产，以便获得生产资料和各种生活必需品，这些最基本的生存、生产需要都是通过肢体活动来进行和实现的。

由于人类早期的生产劳动方式和方法十分低下，而面对当时的比较恶劣的自然环境，人们必须凭借聪明的智慧和丰富的经验逐步培养起拳打、脚踢、绊摔、擒拿、奔跑等猎捕野兽的各种技能。为了保证自我发展的延续，先民在生产、生活实践中总结经验和教学，将这些能力传授给子孙后代，作为一种人类生存和生产发展必须要掌握的基本身体技能。

在人类生存生产需要不能得到满足的原始社会，人与大自然的野兽做斗争的这些身体技能是重要的生产技能，属于生产劳动的范畴，不属于体育活动，是人类的一种生存技能。

之后，随着生产力的发展，人类文明逐渐衍化，进化到更高层次的文明，这些以往的猎捕技能也就具有了新的意义，先民们在获得生产资料之余，进行消遣性的技能学练，逐渐成为人与人之间的一种游戏或搏斗方式，以此逐渐形成有目的、有意识的互搏。逐渐脱离生产劳动范畴，演变成为一种体育活动。

因此说，散打的形成是随着生产方式的变革而逐渐演变形成的，当其从人类最基本的生产需要转变为生产之余的一种活动时，即在农业社会发展之后，人与自然斗争的田猎活动发展成为丰收之余的娱乐活动时，散打运动才具有了体育活动的性质，才真正发展成为一种独立的体育运动形式。可以说，劳动生产是原始散打运动出现的基础，为散打运动的产生提供了充分的条件。

（二）散打的战争起源

作为群居体，人具有社会属性，人类社会的发展自然也离不开人与人的交流与争斗。人类社会早期，由于生产生活资料获取有限，人在与自然猛兽进行搏斗的同时，为了抢占更多的能满足自身的生产、生活资料，各族、各部落之间也会产生争斗。这时，人们日常劳动中所使用的各种技能被应用到斗争中，使得以前原始的生产劳动技能开始逐渐往军事需要方面转化，这就是早期的人类的战争。

早期人类的战争并没有武器的大量出现，人与人之间的斗争主要是通过近身的徒手相搏来实现的，是通过人与人之间的力量、技巧较量来决定胜负的。其中，更多的是以摔跤的形式，以人与人之间单方面的力量对抗和技能对抗来解决部落争端和村寨争端。这为散打运动的运动形式的形成奠定了基础。军事战斗的需要极大促进了人们对肢体能力的充分发挥，激发人们各种生存、生产、劳动等各项身体技能的进一步发展，并形成了一种系统的体育（对身体的教育、训练）活动。

当然，军事技能及其训练不属于体育活动。在各部落、民族和平相处的时期，战争中的许多和散打技能有关的方式、方法成为人们日常休闲内容，此时的“人与人搏斗”活动的性质脱离了军事特征，才成为真正意义上的体育活动。至此，散打运动不仅确定了其运动形式，也充分具有了体育的性质。

二、散打的发展

（一）古代散打运动的发展

1.夏商与西周时期散打运动的发展

散打从生存技能最终成为一种系统的“道”或“术”，并形成具有一定规则技巧的拳技搏斗之术，其主要发端于奴隶社会的夏商与西周时期。

散打运动作为一种重要的徒手搏斗技能，在夏商与西周时期获得发展，主要受以下几方面因素的影响。

(1)百姓对拳勇的崇尚

在原始社会,生产力低下,人与人之间的差距主要表现在力量与技巧方面。人们对于个体的崇拜更多的是以其是否具有能获得更多生存生产资料的肢体技能来作为评判。

对个体技能的推崇在我国的古代典籍中有所体现,最早出现“拳”字的文献是在《诗经·巧言》中。古语注释中,“拳”可以被看作是“力”。拳,代表力量,勇,代表勇气。《诗经·巧言》一文中,以“无拳无勇”的语言来讽刺一个人。由此可见,在当时那个时代,“有拳”才人更符合人们心中英雄的形象。

周代时,人们已用“拳勇”一词代表武艺、勇力等,尽管当时并没有形容拳法之类的词,但“拳勇”一词就已经完全包含了徒手搏击的武艺之意。

(2)统治者对互搏的喜欢

在奴隶社会,“手搏”作为具有独立形态的武术徒手搏击正式形成了,并成为当时奴隶主欣赏的一项活动。

“手搏”在商周时期的普遍发展与备受欢迎在我国相关文献资料中均有记载。

据《殷·本纪》记载:“帝纣……材力过人,手格猛兽。”可见这种“搏兽”已非生产技能,而是服务于奴隶主、贵族狩猎活动的搏斗技能。

《礼记·王制》记载:“凡执技论力,适四方,赢股肱,决射御。”表示当时已经有了用“执技论力”,“赢股肱”来决定胜负的相搏之技。

此外,古代字书《释名》中描述:“相搏将谓广搏以击之也。然举手去要,终在扑也。”

儒家经典著作之一《谷梁传》中对周代的“手搏”也有重要记载,书中提到周朝有两个高手秦廑文与梁纥(孔之父),二人“以力相高”。

上述文献充分表明了作为传统武术的一项重要徒手搏击运动形式,散打在这一时期已经发展到了一定的水平。

(3)军事战争的需要

正如前面对散打运动起源的解析一样，在奴隶制社会，对生产资料的争夺主要是以战争的形式来实现的。

早期人与人之间争夺生产资料的战争与搏斗形式主要是徒手进行的。这与人类早期生产工具和兵器的有限具有重要的关系，此外，人与人之间的短兵相接过程中，兵器掉落是非常常见的，因此，徒手搏斗在斗争或者说在战争中非常重要。

古代近距离的“肉搏战”中，更多见的是敌我之间的徒手搏斗进行厮杀。早从商周时期开始，徒手搏斗技能就已经是军事训练的重要内容了，这一军事训练内容甚至一直流传至今。

《礼记》中对早期的军事训练中的“手搏”具有详细的描述，文中叙述道：“孟冬之月，天子乃命将帅讲武，习射御角力（这里的角力，即指徒手搏斗技能）”；“凡执技论力，适四方，裸股肱，决射御。”这段文字详细描述了周代士兵在冬天还要进行角力的武艺训练，在军事训练中，为了显示力量和水平，人们会故意选择不同兵器的方式和方法进行徒手搏斗。

(4)阶级统治的需要

奴隶主为了更好地进行阶级统治，会设置一定的暴力机构来维持国家统治的正常运转。据相关资料记载，在周代的类似衙门类的官吏都要进行专门的手搏训练，以便于在拘捕犯人时，为制服犯人的反抗，利用手搏擒拿技巧将犯人制服。

2.春秋战国时期散打运动的发展

春秋战国时期，手搏技能得到了更进一步的发展，与夏、商、西周时期相比，这一时期的手搏在系统性和目的性上进一步提高，徒手搏斗技术更趋成熟，搏斗过程中，双方也非常重视战术的运用。春秋战国时期，我国散打系统体系初步形成。

这一时期，手搏的发展具体表现在以下几方面。

(1)手搏技术的完善

春秋战国时代，有了近于比赛形式的“春秋角试”，每年以此选拔士卒；统治阶层中也常以“相搏”来决胜负。手搏已经开始作为专门性的搏击技能存在了。

《谷梁传》中记载，鲁国公子季友俘获莒国莒拏后说：“吾二人不相悦，士卒何罪？屏左右而相搏，公子友处下。”

《管子七法》记载，“春秋角试，……收天下之豪杰，有天下之骏雄”相搏取胜。

《左传·成公十六年》述：“叔山冉搏人以投，中车所轼。”

《荀子·富国》说：“是犹鸟获与焦绕搏也。”

(2)手搏战术的出现

春秋战国时期，人与人的手搏除了重视技术的实施外，这一时期，手搏战术也有一定的发展。

据《荀子·议兵篇》和《资治通鉴》记载：“若手臂之悍头目而覆胸腹也，诈而袭之与先惊而后击之，岂手臂不救也。”《庄子·人间世》说：“且以巧斗力者；始乎阳，常座乎阴，大至则多奇巧。”可见，在当时两两相搏过程中，双方都很重视战术策略的施，以达到出奇制胜的目的。

(3)手搏在军事训练中的发展

春秋战国时期，各诸侯争端不断，战乱频发，在阶级矛盾和部落争夺激烈的时间段，为了最大限度地获取战争的胜利，统治者更加重视搏击技能的发展。

一方面，统治者鼓励人们发展武艺、投身军营，并举办“角试”比赛选拔优秀的竞技人才充军。角力在这一时期得到了较快的发展，进一步促进了多种手搏技术的提高。

另一方面，这一时期的战争过程中，步兵的崛起进一步推动了徒手搏斗技能的发展。“手搏”成为专门的搏斗技能，并广泛用于军事领域。各诸侯国都非常重视发展“拳勇”之技，重视士兵手搏技能的训练与提高。

(4)民间手搏的发展

春秋战国时期，民间习武成风，痴迷武学的人们非常之多。甚至有人做梦都在与人相搏，还有的人听说哪里有高手后，不惜重金请对方来进行切磋、比试。

和夏商与西周时期相比，春秋战国时期人们的生产生活有了很大的改善，这一时期，经济和政治都得到了一定的发展，从社会发展的角度来说，生产资料的增多使得这一时期，人们不再为基本的生存发愁，基于物质生活需求之上的精神需求得到了进一步的发展。人们在生产生活之余多了休闲的时间与休闲的可能，娱乐性的体育活动在这一时期得到了很大的发展，经济、政治都为手搏的娱乐化发展奠定了良好基础。

为了促进武艺、武技交流，相传，每年春秋两季，各路手搏高手都会聚集在一起进行交流、较量。对于当时民间对手搏的喜爱程度，以及手搏的广泛发展，有不少文献做了相关记载，如《管子·七法》的"春秋角试……收天下之豪杰。"充分表现了当时手搏影响范围之大、群众基础之广。

3. 秦汉时期散打运动的发展

秦汉时期，散打运动更加注重体育性、竞技性、娱乐性，并逐渐形成了比较正规的比赛形式，与之前的两两相搏形式相比，更加接近现代散打运动。

(1)秦朝散打运动的发展

秦王朝的政治、经济、文化的统一与繁荣为手搏的发展起到了重要的促进作用。

公元前 221 年，秦灭六国，完成了中国历史上的第一个大一统的伟业，秦王政统一六国，秦王朝正式成立，这是中国历史上第一政治上的大一统，多民族的统一国家最终得以确立，中国社会进入了一个多民族融合发展的历史时期。秦王朝的统一与兴盛，更进一步地促进了民族大统一的实现。文化发展繁荣。在军事、政治、经济、文化等方面采取了一系列巩固统治的措施，为散打运动的发展奠定了良好的文化基础。

秦朝国力强盛，这一时期，军队中流行的搏斗技术和民间徒手搏击为主的武术在一定程度上得到了发展。具体来说，相搏分化为“角抵”和“手搏”,“角抵”以摔为主,“手搏”以打为主,同时也兼有摔。《汉书·艺文志》的残简中有“相错蓄,相散手”的释文,“错蓄”是两人摔倒纠缠,“散手”则是两人分离后空拳而斗,这是最早在相搏运动中使用“散手”一词。

此外,秦王朝的一些政策的实施在一定程度上限制了民间武术的发展。例如,秦王朝为巩固统治,采取焚书坑儒禁锢人们的思想,同时,颁布系列的限令严禁民间执兵器习武,并收缴和销毁民间兵器,在很大程度上限制和阻碍了民间武艺的发展。徒手搏斗由于不使用兵器而得以在民间继续发展。

这一时期,民间的徒手搏击已经出现了专门维护比赛公平的裁判,展现出了一些比赛的基本形态,具有了体育特征。1975 年,在湖北江陵凤凰山秦墓中出土的木篦上有描绘手搏的彩色漆画,画中,两人“手搏”,另一人为裁判,整个比赛热烈紧张。

秦朝的角抵与手搏,主要是两两相敌的角力,双方之间既有力量的较量,又有技艺的较量。

(2)汉代散打运动的发展

汉初,刘邦曾罢废角抵,但未能完全禁止,汉武帝时则大力提倡角抵。《汉武故事》载:“角抵者六国所造也,秦并天下,兼而增广之,汉兴虽罢,然犹不都绝,至上(五帝)复采用之。”

由于汉武帝非常喜欢角抵,其在位时期,宫廷中经常有各种规模与形式的角抵表演,《汉书》中就有“五帝作巴渝、都卢、海中、砀极、曼衍、鱼龙、观角抵之戏”的说法。受统治者的影响,角抵在民间也获得了广泛的发展,《汉书·本纪》载:“元封三年春,作角抵戏,三百里内皆观”。

西汉政治、经济、文化繁荣,在民族之间、中外文化交流频繁的社会条件下,还形成了内容更为丰富、综合性更强的文艺体育表演大会,称“百戏”或“角抵戏”。汉代的“百戏”是在政府支持下的有组织、有计划的大型文化体育活动。徒手相搏之技就是这“百戏”的重要组成部分。手搏是当时非常流行的体育文化活动,具有广泛的群众基础。其打法多样化,有拂击、中击、侧击、刺击等，为之后散打技术的丰富奠定了重要基础。

汉朝末年，战乱频发，连年的战争使得政府重视和鼓励民间习武，并在军中通过手搏科试来选拔武士。因此，角抵与手搏在军事训练中也得到了一定的发展。

整个汉代时期，“角抵”指“戏”，汉以后“角抵”一词便与“角力”一词混用了，这个过程又出现了“手搏”。关于“手搏”在汉画汉砖中多有体现。

总体来讲，秦汉时期是“角抵”“手搏”的快速发展时期，秦以角抵为雅言，突出摔的方法；汉以手搏为技术，主要是徒手搏击，终在扑或倒或伤或死，二者有一定的区别。①

4. 三国时期散打运动的发展

在汉朝，社会已基本实现了“兵民合一”和“劳武结合”，可谓是全民尚武。在军事武术中，手搏是一项重要内容，这一内容因为战事的需要，从东汉末年一直延续到三国。

三国时期，各地争端不断，手搏在军队训练中得到进一步的强化。同时，三国时期，刀已经成为军队中最主要的短兵器，手搏的地位有所下降，但仍是军队训练的主要内容。

5. 两晋南北朝散打运动的发展

两晋南北朝时期是民族大融合的时期，虽然手搏运动的发展规模和秦汉时期相比不如，但是，这一时期，民族传统体育发展迅速，北方少数民族的一些摔跤技巧传入中原，以汉文化为主的体育内容在继承先秦体育与引入外来体育的基础上有所扬弃，中原地区的手搏的技术内容进一步得到了丰富。

6. 隋唐时期散打运动的发展

隋唐时期是角抵、手搏盛行的时期。这一时期，手搏角抵倍

---

① 周争蔚. 散打教学与训练[M]. 北京：人民体育出版社，2010.

受重视，比赛几乎形成制度。具体来说，隋唐散打运动的快速发展受以下几方面因素的影响。

(1)良好政治经济环境

隋唐政治稳定，战事较少，因此，手搏和角抵在军事战争中日渐衰弱，并最终脱离战争成为一种体育文化活动。角抵、手搏的自卫、健身、娱乐、表演等多种功能得到进一步开发，在民间呈现出繁荣的发展景象。

此外，统治者为了完善政治、增强国力，鼓励民间习武，创武举制，角抵、手搏由此也获得了进一步的发展。

武举制面向社会各阶层开放，激发了人们的习武热情。重武的举措促成了唐代的尚武任侠之风，甚至文人墨客也崇尚武侠，如诗仙李白的诗句“安得倚天剑，跨海斩长鲸”“抚剑夜吟啸，雄心日千里”等。民间武术的蓬勃开展，使得相扑、角抵、手搏等徒手搏斗技能得到进一步发展。

据相关文献记载，隋唐时期，每年固定的时间(正月十五及七月中元节)，都会开展相应的角抵、手搏比赛。《隋书》中记载：在大业六年，来自各地的高手云集在端门街，各献“天下奇技”，比赛数日，甚至“终月而罢”。

(2)隋唐对武术的政治需要

隋唐时期，统治者出于政治统治的需要，结合当时的军事情况进行了一系列改革，同时实现了一系列社会变法等，开创府兵制度，实行“兵农合一”。

府兵制度的内容是士兵不再只限于从世袭军户中挑选，也可以从一般民户中挑选。这种征兵制度，将兵源、武器装备、习武活动等内容扩大到了整个国家。

(3)唐代对武术的大力支持

唐代开始实行“武举制”，也就是早期的武状元。唐朝的统治者发展和完善了府兵制，并于长安二年(702 年)建立了武举制。武举制从此在我国后来的历代王朝中都有存在，直到晚清时期。

唐朝的“武举制”开辟了“以武取士”的道路。通过习武也可以谋得军队中的官职，充分调动了各阶级人们习武的积极性，民间习武的风气日盛，习武的内容和标准也有了一定的规范，散打在此基础上也获得了较快的发展。

“武举制”用考试的方式选拔武勇人才，为了摘得最高水平的“武状元”，各地勇士好汉纷纷习武练功，力求通过此种方式博得高官职位，光宗耀祖。一时间，练武之人遍布全国各地，极大地促进了武术的发展。武举内容的确立是对武术精炼化、规范化发展，各项技击技术的发展具有重要促进作用。

整个隋唐时期，统治者大多对武术拥有着极大的热衷和喜爱，多数皇族从小就接受武术教育，其中有很多对于拳术很精通，这也是推动武术散打运动发展的重要因素之一。据宋代《角力记》载：“后唐庄宗性多能，癖好角抵戏，或云自能此戏。尝诏王门关日胜与作对，供养太后，又先约之日，卿不可多让。门关退谢者数四。又谓之曰，卿一拳倒者与节制，及出手，果一拳下而仆，导除幽州节度使。”可见，当时的角抵也使用拳脚。

隋唐五代时，手搏、角抵比赛逐渐趋于成熟，也随之有了一些简单的规则和限制。武举制的施行使得这一时期的包括散打在内的武术更加精练化、规范化。主要表现在以下几个方面：

①体重等级无差别。

②主要依靠踢、打、摔技法，也使用拳脚。

③活动场地多为方形台。

④不佩戴护具，比赛穿着一般为赤身加短裤。

⑤犯规处罚不明显。

⑥获胜者给予重奖。

7. 宋元时期散打运动的发展

宋元时期是角力、手搏的盛行时期，徒手搏斗技能已经成为军事训练和民间健身、娱乐、比赛内容。这时候的徒手搏斗更多的是展现出了它的体育性、竞技性和娱乐性。

(1)宋朝散打运动的发展

宋时，手搏作为强身、活动手足的重要手段在民间广为流传。

宋朝初期，政治经济形势发展良好，大城市开始出现和迅速兴起，同时，由于在良好的政治、思想、文化环境下，大中城市的市民体育活动发展达到了一个相对顶峰时期。

整个宋朝统治时期，宋与周边的辽、金、西夏等少数民族国家长期对峙。这一时期虽然是文化发展的繁荣时期，但由于实际战争的需要，统治者十分重视军事准备。宋朝军队实行募兵制，通过选募、武举考试选拔武艺人才。军事训练制定了统一套路，统一的教练法，并且统一考核标准。手搏、角抵等徒手搏斗技能是当时军队训练的主要内容。《宋史·兵志》说："手搏虽不切于用(指用于战场)，而亦习其身臂。"

宋朝的手搏在民间也有一定的发展，据《史弘肇龙虎君臣会》中记载："二人拳手撕打，四下人都观看，一肘二拳三翻四合，打倒分际，众人齐喊一声，一个汉子在血泺里卧地。"可见宋时手搏已"拳""肘""脚"兼用，并出现了比赛的规则。与隋唐相比，宋时的手搏活动更加规范。

(2)元朝散打运动的发展

到了元朝，异族统治者为了统治的需要和出于文化的差异，曾先后10次下禁令，严禁民间持有兵器习武，一些公开的场合手搏受限。此时已经见不到人们以武会友和热闹的打擂场面了，手搏等各项武术活动陷入发展低谷，但仍有人私下练习不止。

尽管武术被禁，手搏仍然有所发展，袁宏道《嵩游记》中记载："晓起出门，童自分棚立乞观手搏，主者曰：山中故事，试之多绝技。"正规的比武叫打擂台(古称献台)，比赛不分体重等级，有正式的比赛(社条)和裁判(部署)，比赛形式与内容较为完备，更加接近现代散打比赛。

8.明清时期散打运动的发展

明清时期，武术逐渐脱离军事训练和表演，健身性大大增加，成为我国民族传统体育中一项十分重要的健身性民族传统体育项目，为人们日常放松和如乐趣提供了有利条件。当时，民间的习武组织（如“忠义巡社”“锦标社”“英略社”等）逐渐兴起，武艺表演日渐成熟，并且规模和影响不断扩大。此外，武术在民间的广泛发展，促进了散打运动的发展。

明朝，民间拳法众多，风格各异，但均处于初步发展阶段，当时拳法是以单一的擅长技法区分的。如李半天之腿、鹰爪王之拿、千跌王之跌、张伯敬之打。为了改变这一情况，一些武术家研究提出“兼而习之”的观点。比如，戚继光采取民间十六家拳法之善者，编成了三十二势拳法。这三十二势拳法的出现，是我国民间各类拳法相互融合的标志，这对于我国拳法系统化的发展和拳法体系的形成起到了重要的促进作用。

据相关文字记载，这一时期的拳法“似无益于大战之技，然活动手足，勤贯肢体，此为初学入艺之门也”，“学艺先学拳，次学棍，拳棍法明，则刀枪诸技特易耳，所以拳棍者诸艺术者本源也”。由此可见，当时人们已经充分认识到了拳法的重要强身健体的作用，在徒手搏击过程中也得到了充分的运用，作为徒手搏击的重要技能技法基础，对拳的用法及练法还有了系统的理论研究。

清朝，伴随着农民运动和练武的“社”“堡”的兴起与发展，武术在民间的开展甚为蓬勃，各馆由于拳术风格不同，打法不一，经常在一起比武，较量武艺。

这一时期，人们把正规的散打比赛称为“打擂”，当时十分盛行。每逢过春节或其他节日，擂主在公开场合搭起擂台迎战各地拳师。这种比赛不用事先报名，来自各地的拳师均可上台比武。赛前先设擂主，由擂主安排高手应战，为了避免纠纷，临赛前双方需先立好生死文书，概不负责比赛中的安全问题。

（二）近代散打运动的发展

清朝民间习武盛行，民间各种习武组织如雨后春笋般相继出现，如武术会、拳术社等。清末时期，最有名的是天津技击武术名家霍元甲创办的精武体操学校。这些组织和协会的成立，充分表现了武术在当时的盛行，而各武术馆、社之间的交流则主要是通过相互“打擂台”的方式进行的。

民国初期，受西洋文化影响，武术趋向现代化。河北武术大师霍元甲在上海创立精武体操学校，后改为“精武会”。河北马良创编并推广中华新武术，中央国术馆也相继成立。

辛亥革命后，我国传统武术的发展获得了各界广泛的重视，以至于在一些大城市出现了一大批武术会社。这些成果都是当时的武术发展的写照。同时，这一时期，武术的生存环境也由农村转向了城市，并逐渐形成以城市武术组织为中心的武术发展模式，各大城市开始有组织地推广武术，开展武术整理和研究。

1928 年，民国政府在南京成立了中央国术馆。也是在这一年的 10 月 28 日，在南京举办了第一届国术国考。散打比赛就是其中的一项国考内容。当时的散打有了较为合理的规则，具体如下。

(1)比赛在长方形的场地举行。

(2)不以体重分级。

(3)采用双败淘汰制，共打三局，首先取得两胜的一方获胜。

(4)手、肘、膝、脚击中对方任何部位即可得点。

(5)比赛双方不可穿戴护具。

(6)凡击中对方喉部、眼部、后脑、裆部等危险部位即为犯规，犯规三次，取消比赛资格，

(7)严重违反体育道德者，直接取消比赛资格。

1933 年，第 2 届国术国考仍旧在南京的中央国术馆举办，比赛项目有男、女散打，男、女短兵，中国式摔跤和国际拳击。这届的散打规则与第一届相比，取消了时间限制，而且双方的搏击击打要求点到为止，不可真正发力攻击。规则的这些改变重视了参赛者的安全性，但是在“以手指摸到对方的头发也算得一点”的这种“特殊”限制下，众多比赛选手根本不可能放开手脚展示技击技艺，散打比赛的观赏性大大降低。

1929 年，浙江国术馆承办了国术游艺大会，参加散打比赛的

有 125 人，参赛者需要穿着大会统一规定的短装，腰部要扎腰带，腰带分红、黑两色。大会首先进行了套路表演，随后进行了散打比赛。散打擂台高 1～3 米，长 20 米，宽 18.6 米，在擂台中央设定一个粉色的圆圈区域作为比赛区域，参赛的双方选手在粉圈上相对而立，听到第一声笛后，上前相互行鞠躬礼，第二次鸣笛即开始正式的比赛。这个时期的散打运动中，规则尚不够完善，为了保证比赛的公平，甚至边打边修改规则。

1933 年，在南京市举办的全国运动大会上，散打依旧作为主要比赛项目出现。这次比赛除了以性别分组外，还将运动员的体重作为分级标准进行分级，允许运动员穿着护具（棒球的护胸和足球的护腿）比赛，比赛规则规定“禁止击打头部和裆部等危险部位”“将对方击倒”才算获胜，没有比赛时间限制。

整体来看，近现代，我国武术散打无论是在官方还是民间，都得到了广泛的开展，比赛形式也具备了完整的体育性质。但在当时的国际环境和社会背景下，武术散打运动无论从比赛的规模、竞赛的制度，还是技术本身，都没有形成统一的规定与形式，欠缺制度化、规范化和体系化。

（三）现代散打运动的发展

中华人民共和国成立后，急待发掘一些能够代表中华民族风貌的传统文化以振兴民族自信心。经过精挑细选之后，武术散打就成为其中之一。它被当作优秀的民族文化遗产加以宣传和推广，并得到了国家的重视和发展支持。

1950 年，中华全国体育总会召开武术座谈会，武术发展得到了大力的提倡。1952 年，国家体委成立后，民族形式体育运动委员会成立，针对武术的系统的挖掘和整理工作相继展开。1955 年，国家体委在运动司下设武术科（后改为武术处），武术开发整理上升到了一个新的国家高度。

1958 年，中国武术协会组织部分专家起草了《武术竞赛规则》，这是中国第一部以长拳、南拳和太极拳为主要竞赛内容的武术规则,武术比赛越来越正规化。

20世纪70年代,我国掀起了一股开展武术运动的热潮。国家体委为在未来全面将散打运动在全国铺开获得相应经验,1979年3月决定在浙江省体委、北京体育学院和武汉体育学院三个单位开展武术对抗性项目的试点训练,并在全国武术观摩交流大会上作了汇报表演。在大会上,除上述三家试点单位外,广东、福建等省的代表也作了散打表演。同年10月,在第4届全国运动会举行期间,国家体委又调浙江省和北京体育学院散打代表队赴石家庄赛区,与河北省体委选拔组成的散打队进行公开表演。此后,在多次全国武术大会上,都有散打公开表演赛。

1980年5月,在太原市举行的全国武术观摩交流大会上,参加散打表演的省、市越来越多。各地各种散打运动比赛也日益增加,为了规范比赛,散打比赛规则不断修改和完善。同年10月,在昆明市举行的全国武术表演赛期间,国家体委广泛听取意见后,拟订《全国散打竞赛规则》。

1982年1月,国家体委调集了多个单位的有关人员召开全国散打竞赛规则研究会,制定了《全国散打竞赛规则》(初稿),并举行了全国武术散打邀请赛。

1985年,南宁举办了首届全国公安武警系统武术散打比赛,自此,开创了公安、武警系统每年举办散打比赛的传统,散打成为公安、武警系统的固定训练内容。

1987年,在全国武术对抗性项目表演赛中,首次采用了设台比武的办法,从而为日后以擂台为民族特色的武术对抗性项目竞赛形式的形成奠定了基础。

为了与武术的发展和武术竞赛需要相适应,1989年,国家体委将全国武术比赛改为全国武术锦标赛,并且进行了一系列改革,使武术比赛的公平竞争机制得到进一步强化,同时也使武术套路及技术水平得到提高,为武术竞赛进入一个新的发展阶段创造了有利的条件。

为了在世界范围内推广散打比赛,1988年,在中国武术研究院、中国武术协会主办的国际武术节上，首次举办了国际武术散打擂台邀请赛，有15个国家和地区的近60名运动员参加了为期3天的激烈角逐。中国队获得了7个级别中的5个级别的冠军。1989年，散打被批准列为我国正式的体育竞赛项目，这是武术散打发展史上的一个新的阶段。

1993年11月，第2届世界武术锦标赛在马来西亚首都吉隆坡举行，散打成为世界武术锦标赛正式比赛项目。

1996年，第4届亚洲武术锦标赛在菲律宾首都马尼拉举行，散打被列为正式比赛项目。

1996年10月国际武术联合会技术委员会会议在北京举行，会议审议并通过了国际武术（套路、散打）教材和《国际武术竞赛规则》修改稿。

1998年，在第13届亚运会中，散打被正式列为比赛项目。

（四）21世纪散打运动的发展

2000年，经国家体育总局批准，由国家武术运动管理中心组织举办了“中国武术散打王争霸赛”。散打王比赛奖金丰厚，赛事宣传、组织具有现代水平。在比赛护具和比赛规则上，大胆创新，将散打比赛护具改为点护式，大大增加了比赛的对抗性和观赏性。散打王比赛的成功举办标志着武术散打职业化的开始。2000年诞生的“中国武术散打王争霸赛”，不仅为促进当地传统武术的进一步普及和发展起到了重要的作用，还为许多具有习武传统的地方带来了良好的经济收益，进一步推动了武术散打的市场化脚步的迈进。

2002年7月，第1届世界杯武术散打比赛在上海举行，这对散打运动在世界范围内的开展具有划时代意义。

2004年《武术散打竞赛规则（试用）》出台。与旧规则相比，新规则更适应现代体育发展需求，具体分析如下。

（1）与国际武术联合会制定的散打规则一致，便于国内外统一。

(2)使踢、打、摔技术均衡发展。

(3)得分的标准和判罚更简洁,有利于裁判员的裁定,如取消高分和击打小腿不得分等。

(4)注重引导技术的发展和规范,如取消“双方互打互踢不得分”等规定。

这次规则的修订对于运动员参与运动的安全性、散打技术的发展和裁判员的公平执裁都有着颇多的益处。自此,散打的竞赛规则逐渐完善、定型。

2013 年,第 12 届世界武术锦标赛在马来西亚举办。国际武术比赛的开展更好地推动了武术运动向着国际化方向发展。

2016 年 5 月 23 日,中国男子武术散打锦标赛决赛在河南焦作举行,此次赛事中充分表现了我国武术散打水平的进一步提高,共决出 12 个公斤级冠军。

2017 年,世界超级散打王争霸赛将于 10 月 28 日重新回归,现阶段,重新恢复“散打王”品牌,对进一步提高我国散打技术水平、促进散打运动走向世界、促进武术散打运动的职业化发展等均具有重要的推动作用。

目前,世界上已有七十多个国家和地区开展或准备开展散打项目。散打项目越来越被各国人民接受和喜爱。同时各洲和各国的武术组织还积极举报各种武术散打比赛,为武术散打真正走向世界,进入奥运会奠定了坚实的基础。

第二节　散打的特点与功能

一、散打的特点

(一)体育性

散打运动是一项体育运动,其必然具有体育性,体育性是散打运动的基本属性和特点。

散打运动的体育性是指它作为一项竞技体育完全符合强身健体、丰富业余生活、促进社会文明发展的体育宗旨。散打运动的体育性具体体现在以下几个方面。

首先，散打运动是以增强体质，交流技艺，提高技术水平为出发点进行技击对抗的项目。它不仅要求运动者熟练地掌握散打技战术，还要有敏捷的应变能力。

其次，散打运动在运动中不断增加的安全措施也大大解决了竞赛中人们可能担心的安全问题，散打运动“寓技击于体育之中”。从技法上来讲，散打竞赛过程中，为保证双方参与者的安全，无论运动员使用哪种技击方法，对于规则中规定的严禁击打的部位，如后脑、颈部、裆部等危险部位禁止击打，这也是体现运动体育性特点的重要特征之一。

最后，散打运动是一项对人体十分有益的活动，不仅体现在增强体质、提高自我防卫技能方面，也是日常人们进行休闲娱乐的重要活动。散打运动竞赛的观赏性对于散打运动爱好者间接参与散打运动、丰富业余生活、拓展交际具有重要促进作用。

（二）对抗性

对抗性是武术散打运动中不可或缺的基本特点，缺少了对抗性，散打运动也就不能称之为散打了。

对抗性在散打比赛中突出表现为，运动员运用的攻防技术没有固定动作结构和顺序，具体来说，在散打运动比赛中，一方做出进攻或防守的动作都是随机的。

散打比赛中，对抗双方的随机攻防应充分契合当时的比赛形势，要准确观察对方意图与动向，以对方的行动为转移，攻防动作多变，攻击对方弱点，避开对方实处，斗智、角技，随机应变，视势而发。

（三）民族性

散打是中华武术实战技击类项目中最为典型的一项，是中华民族优秀的文化遗产，是在中国特定的社会历史条件下逐渐演变发展形成的，因此具有鲜明的民族特色。

1. 技法运用

散打运动的民族性，表现在其与其他民族相似对抗运动的不同，如印度尼西亚的本扎，日本的相扑、踢拳道、体道、格斗术，以及法国的忍拳等都与中国散打的“远踢、近打、贴身摔”的技法不同，具体分析如下。

首先，散打运动不同于西洋的拳击，法国的踢腿术只是以脚为主，配合拳法，我国的散打运动则有完整的拳法和摔法体系，且二者需要完美配合。

其次，散打运动与东洋的跆拳道和空手道有很多区别，韩国的跆拳道在实战技击中几乎全部依靠腿部的进攻，而只有在表演中才会加入拳法的动作，而散打非常重视拳技的实施；日本的空手道虽能手脚并用，但没有中国的快摔技术。

最后，散打运动不同于南洋的头顶、肘撞、膝击的泰拳，散打运动是身体各部位攻防技法的综合运用。

2. 比赛形式和方法

散打运动是一项独立的体育运动形式，其他国家的搏击对抗也是独立的体育运动项目，它们虽同属于对抗搏击项目，但是在具体的运动比赛形式与方法方面是完全不同的。

3. 散打武德与礼仪

散打是我国武术运动的重要表现形式与内容之一，其完全继承了我国传统武术的“武德”内容。在散打运动中，也充分体现着“武以修德”“以武会友”等练武的传世诤言，对“武德”和“拳礼”有着诸多的要求。

中国散打的礼仪沿用了武术的传统“抱拳礼”礼节，这不仅遵循了古礼，还非常富有现代意义的深刻内涵。采用“擂台”的竞赛是我们民族喜闻乐见的形式，表现了传统武术技击特点。

（四）时代性

散打运动历史悠久，在其漫长的发展过程中逐渐完善，在不同的历史时期表现出不同的特点。因此说，中国武术散打是在遵循传统的基础上，同时表现出鲜明的时代性。

散打运动是在继承武术传统技法的基础上逐步发展起来的体育竞赛项目，与时代共同进步。

以散打运动的现代化发展为例，在其走出国门、走向世界的发展过程中，与世界各国技击术交流、切磋，善于学习，取他人之长。散打运动通过不断丰富与发展，并在新的历史时期，走上了现代竞技体育的职业化与市场化道路。

二、散打的功能

（一）强身健体

散打运动是一项集身体和智慧双重对抗的激烈性搏击项目。经常练习，可实现强身健体的效果。

首先，散打运动学练有助于增强和改善个人的身体素质。经常参与散打练习的人，本身的速度、力量、灵巧、耐力和柔韧等身体素质都有较为明显的提高。

其次，散打运动学练有助于提高机体各系统功能水平，其对人体内脏器官的机能和神经系统的灵活性都有较大作用。

（二）自卫防身

散打运动练习除了在强健体魄方面具有很大作用外，随着练习者经过一定时间的训练，运动者的基本功力以及击打与抗击打能力也在不断提高，可逐渐摆脱“花架子”的套路模式，开始发挥其攻防的实战实效性。

散打运动实践表明，经过一段时间的训练后，散打练习者的四肢肌肉更加发达，尤其是腿部肌肉和骨骼更加坚硬无比，由此四肢变为了攻击利器，这无疑会增加练习者防身自卫的能力。

当前，散打运动是我国公安、武警、军队训练的重要内容，对于军人、武警、公安干警和边防指战员更有特殊的意义和作用。一般人也可以通过散打学练提高自我防身能力。

（三）竞技观赏

散打运动具有重要的竞技功能、观赏功能。

首先，散打运动最初就是通过对抗竞技发展而来的，对抗性技击运动以其独特的魅力和激烈性向来被人们所喜爱。

其次，散打运动具有良好的观赏性。散打之所以受到人们的喜爱，不仅仅是因为这是一项力量的决斗，除力量外，还具有丰富的斗智技艺，先发制人或后发先至等战略战术的使用，更是为这项运动增添了许多不确定性和观赏性。散打运动具有很高的观赏价值，能给人以启迪和乐趣。我国不少文献中都有关于打擂台的描写，观众“人山人海，群情沸腾”，近代的诸多影视作品中，也能够看到比武打擂活动过程中观众蜂拥而至的场景。我国每年举办的全国性和各地散打表演赛、擂台赛都深受群众欢迎。

（四）练武修德

散打作为我国传统武术体系的重要内容之一，充分继承和发展了武术“武德”的内容，要求运动者学习散打技术技法，必须首先要培养良好的武德。

自古习武之人都会练武之前先接受一系列的武德教育，武德在武术的发展过程中一直被人民所推崇，是中华民族所倡导的民族精神之一。它贯穿于拜师择徒、教武、习武、用武的全过程，从古至今，武德一直是习武者所推崇的道德规范，诸如尊师爱友、讲究礼仪等。师傅在“喂手”“递招”中传艺，学生在操手比试中提倡相互学习、点到为止。

在散打运动中，对抗双方应相互尊重、相互爱护，忌讳打击报复和切磋时下狠手的行为，“下黑手”必然令人嗤之以鼻。

（五）传承发扬

散打运动作为中国传统体育运动内容之一，其是一种具体的文化体现，是中国传统文化精神的载体，是我国民族文化的结晶，它有着鲜明的民族文化特性。它不仅展示了中华民族几千年生生不息的精神风貌，而且在其形成完善过程中倾注着广泛的民族文化精髓，是我国传统民族文化的瑰宝之一。

对于散打运动者来说，学练散打运动，是对我国传统体育项目及其文化传承，也是在新时期对散打运动文化的弘扬。

首先，参与散打运动学练，运动者不仅能使自己的身心得到提升，提高攻防技能，对散打技术的提高、散打攻防的发展具有促进作用，还能继承和发扬散打运动，主要是对传统武术散打技击、攻防技法的传承与发扬。

其次，参与散打运动学练过程中，运动者对于散打运动中的“武德”的学习，在新时期有助于进一步传承与发扬中华民族的文化与民族精神。

最后，当前我国非常重视散打运动的赛事推广，并尝试建立散打品牌赛事。散打争霸赛等一系列国际赛事的举办，运动员水平高，赛事规模大，观众数量多，媒体重视度高，对我国的传统散打运动及其文化是一个很好的推广。

（六）增进交往

对于个体来说，通过散打练习，可以结识同样爱好散打运动的人，更好地促进与武术爱好者之间的交流，结识有着共同爱好的朋友，增进彼此友谊。

近年来，国际搏击运动开展得如火如荼，几乎每年都会举办一场中国散打对泰国泰拳的交流比赛，均获得了很高的关注度。许多国家的武术爱好者不仅喜爱套路运动，而且试图通过练习中国散打，散打运动赛事的举办可以增加我国与其他国家和地区的文化交流。

第三节　散打基本常识

一、散打学练的方法与要领

（一）散打学练阶段任务

根据一般学习认知规律和运动技能的形成、发展特点与规律，可以将运动者的散打运动学练划分为初始期、意识形成期和技术提高期三个阶段（表 1-1）。

表 1-1　散打学练阶段任务

学练阶段	学习内容	学习任务
第一阶段（初始期）	关于散打运动的基本理论知识、基本功和基本技术动作等	(1)要重视对基本功的练习，这个练习对于练习者日后技术的进步和发展非常关键 (2)掌握理论知识、动作原理，特别是掌握正确的基本动作，它是决定着击打力量、速度及攻防转换等制胜对方的重要因素
第二阶段（意识形成期）	散打基本功：进攻、防守及反击技术	(1)培养练习者的攻防意识，为进一步提高竞技水平做好准备 (2)注重技术组合的练习和战术意识的培养
第三阶段（技术提高期）	因材施教，有针对性的技战术训练	(1)在全面提高掌握攻防技术的前提下形成个人技术特色 (2)不断提高专项素质及增强打击力量 (3)提高实战对抗能力

（二）自学散打的要领

1.看图学习

对于刚刚接触散打运动的人来说，看图学习是一种不错的方法。在看图自学时，要特别注意认真阅读配图的文字说明，看清文字说明是与哪些图片相对应。具体方法如下。

（1）根据文字要求进行分解动作练习，当分解动作熟练后，再尝试进行完整的动作练习。

（2）了解动作路线方位，边看边做，认真思考，逐步体会，逐个掌握动作、技术。

2.观摩交流

观看优秀的散打运动员的视频和现场比赛，或者观察其他散打运动员的技术动作、技法特点，互相观摩纠正，体会技术动作。这种方法在学习攻防技术动作时更为重要。

3.实战对抗

散打运动是双人对抗性搏击项目，所以自学散打的效果应在实践中进行不断提高。在自学过程中，可以寻找一些同样热爱散打运动的志同道合的朋友，或找一个具有散打基础的人，与之进行对抗，两人结伴学习，在实战中提高自己的散打技能。会使运动者的散打学练得到事半功倍的效果。

具体来说，可以在学习攻防动作时，两人一组，一人为攻方，另一人为守方，逐步体会技术动作原理，理解动作的攻防含义，以达到学习目的。

二、散打运动的服装与礼仪

（一）散打运动的服装

散打运动属于对抗性搏击类运动，具有一定的危险性，因此要求运动者必须严格按照比赛要求穿戴护具。

一般来说，练习者在平时的散打运动学练中，应穿着适合运动的服装并佩戴好护具。

对于散打运动员来讲，参加比赛时，必须穿戴赛会规定的比赛服装，一般双方的服装颜色以红色和蓝色区分。

需要特别说明的是，锦标赛（赛会制、专业比赛）要求参赛者穿戴护具，如世界散打锦标赛、武术锦标赛、全国运动会等，而商业性、职业性赛事，参赛者不穿戴护具，只戴拳套比赛，对抗双方短裤颜色同样以红蓝两色区分。

（二）散打运动的礼仪

中国自古就是“礼仪之邦”，在中国传统体育文化体系中，“武德”是一个非常重要的构成内容。以“未曾习武先习德”为理念的中华武术思想之魂贯穿于习武者的学练武术的始终。散打运动对运动者也有一定的武德与礼仪要求。

散打运动的学练，学习散打礼仪是其中非常重要的一个组成部分，运动者应具备以下基本礼仪知识。

（1）见到师傅（教练或老师）时，要向老师敬礼问好。

（2）队员之间进行切磋，在交手前后要相互行礼。

（3）参加比赛时，比赛开始前，运动员要先向裁判员和观众敬礼，然后要向对方运动员敬礼，比赛结束后再次敬礼。

散打运动中，标准敬礼姿势为中国传统的抱拳礼。具体的施礼姿势为：两腿并立立正，左掌右拳相抱，略高于胸，手与胸之间约有 20～30 厘米距离。

三、散打运动段位等级

(一)段位及徽标

为更好地使武术运动得到发展,国家体育总局武术研究院在20世纪80年代开始调研并制定方案。历经多年的试点和审定,于1997年下半年开始实行武术段位制。

散打运动的段位制的等级共定为九级:一、二、三段为初段位;四、五、六段为中段位;七、八、九段为高段位。不同的段位具有不同的徽标。

初段位:一段(青鹰)　二段(银鹰)　三段(金鹰)

中段位:四段(青虎)　五段(银虎)　六段(金虎)

高段位:七段(青龙)　八段(银龙)　九段(金龙)

(二)段位等级评定

对于散打运动员的段位等级评定,具体根据个人从事武术锻炼和武术活动年限、掌握武术技术和理论水平研究成果、武德修养以及对武术发展所做贡献等进行。

在申报散打段位等级评定中,凡是遵守武德、热爱武术运动,具有相应的技术和理论水平者,均可申报武术段位。

具体的段位评定的考评内容包括三部分内容。

(1)技术:武术套路或散打。

(2)理论:散打理论知识。

(3)武德:武德由所在单位组织鉴定,包括武礼、规范操作及武德基本知识三部分。

四、散打的要害部位

散打运动中,主要以人体的要害部位为目标进行攻击,具体包括以下几个部位。

(一)头部

头部有大脑、小脑等重要神经中枢。头部的太阳穴是人体的几大危险部位,其组织非常脆弱,击打太阳穴,严重的会使人昏迷甚至死亡。耳朵的位置距离小脑很近,击打耳部会使小脑震动,轻者造成人体短暂的平衡失常,重者致瘫,甚至致命。因此,散打运动中,有许多专门针对太阳穴与耳部的侧拳和腿法。

人体的面部是散打技术中直拳、摆拳、侧踹腿、鞭腿的技术进攻的部位。面部在头部的正前方,并搭载有人体听觉、视觉、嗅觉等器官,人的面部神经、血管分布相当丰富,痛觉极其敏感。因此,面部的五官也常是被攻击的要害部位。

需要特别指出的是,后脑是脑神经最集中的部位,击打可致人昏迷、死亡,因此,后脑部位是包括散打在内的几乎所有搏击类比赛中禁止击打的部位。

(二)颈部

颈部前有咽喉,两侧有颈动脉血管,若受到击打后,会使人昏迷甚至死亡。

散打技术中的摆拳、鞭腿、侧踹腿、后摆腿等技术都是针对击打颈部设计的。

(三)胸部

胸部面积较大,是容纳人体心脏、肺等重要器官的“场所”,若受到外力打击或压迫,会致心肺脏器受损,重者危及生命。

位于胸部的锁骨、胸骨下端的剑突位置都是散打对抗的重要击打部位。

(四)腹部

腹部纳有肝、脾、胃、肾等器官,若在没有准备的情况下受到击打，会造成剧烈疼痛、昏迷甚至死亡。

（五）裆部

裆部是生殖器官的所在位置，受到外力压迫或打击可造成疼痛、血压下降，全身乏力、休克甚至死亡。此部位也是包括散打在内的几乎所有搏击类比赛禁止击打的部位。

五、散打主要攻击部位

散打运动中，对抗双方进行徒手对抗，双方所使用的武器主要是身体，拳、掌、肩、肘、膝、腿等都是散打技术中经常使用的人体攻防部位。

（一）拳

四指并拢卷握，拇指紧扣食指第二指节处，此手型称为拳（图1-1）。拳有平拳和立拳之分，平拳拳心朝上（下）；立拳拳眼朝上（下）。拳的击打力点主要是拳面，拳背，拳轮。

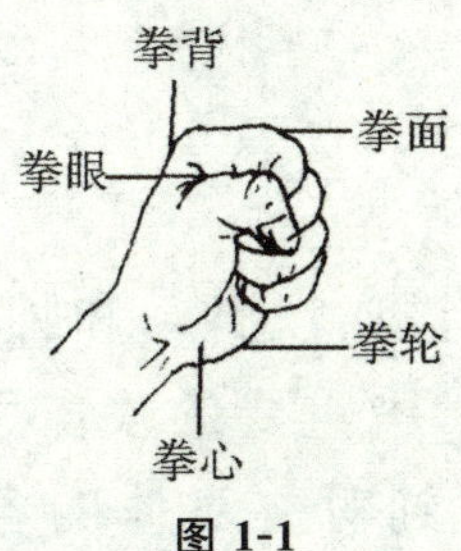

图 1-1

拳法是散打技术中运动最多的技击技法之一。拳的关节部位比较坚硬，运用得好可以重创对方。

（二）掌

四指伸直并拢，拇指内扣称为掌（图 1-2），掌有仰掌、俯掌、侧掌、侧立掌、直立掌之分。

掌的击打点有掌根、掌指、掌指背。现代散打运动，由于运动员都要佩戴规定的拳击手套，因此散打运动员对于掌的用法正在逐渐弱化。

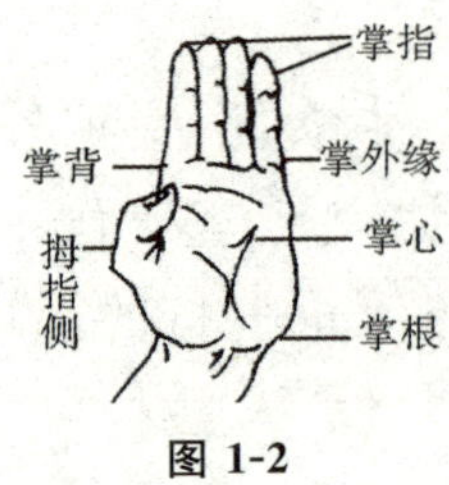

图 1-2

（三）勾

五个手指的第一个关节捏在一起，屈腕称之为勾（图 1-3）。

勾用于击打的力点是勾顶，与掌类似。和掌一样，散打运动要求运动员佩戴拳击手套，勾手的用法也在逐渐减少，但在实战中仍是搂抱对方的重要方法。

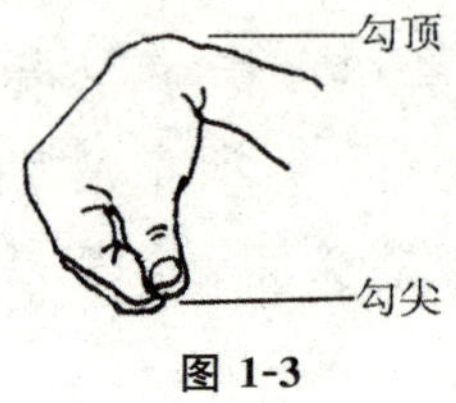

图 1-3

（四）脚

脚进行击打的力点有脚背、脚掌和脚跟。

腿法是散打技击技术中重要的攻击手段，腿法技术的力点大多都在脚上，腿可以攻击到对方身体的各个部位，对于腿法的运用可以重创对方，主要通过脚攻击对方。

（五）膝

大腿提起，小腿与大腿夹紧，使膝关节突出以攻击对方。膝关节是人体中非常坚硬的一个部位，是近战的技法之一，主要用于撞击、冲顶对方。

六、散打学练的注意事项

(一)重视武德修养

武德修养是散打运动学练的一个重要内容,正所谓“习武先习武德”“拳以德立,无德无拳”。散打运动的学练,不仅要重视基本技术动作、技法的学练,还要重视武德的学习,以不断提高自身的武德修养。

散打运动中的“武德”内容,要求习武者在日常生活和待人处世时,对社会生活伦理道德的规范要求严格加以遵守。例如,对人要厚道谦卑,诚实守诺;处世要遵守礼仪,敬老爱幼,团结互助要有社会责任感和责任心,应敢于惩恶扬善、伸张正义。这些是传统武德的重要文化基础。

学练散打绝对不能以打架斗殴、恃强凌弱为目的,更不能通过散打技术无故重伤他人、违反社会秩序和法律。

(二)做好准备活动

散打运动的对抗比较激烈,在运动开始之前,应做好充分的准备工作,以使身体的各韧带、关节充分活动开,提高神经与肌肉的兴奋,克服内脏器官的生理惰性,使整个器官进入运动状态,以有效避免训练中遭受不必要的损伤。

(三)注意放松练习

散打训练结束后,人体机能处于一个较高的水平,此时应注意进行全面的放松整理,可消除运动疲劳,缓解肌肉疼痛,不至于影响正常生活和下次训练。

(四)坚定意志品质

散打运动的训练是一个非常艰苦、枯燥的过程,在这一过程中还时常伴有各种身体损伤，因此，散打运动学练者必须有坚定的意志品质，能够克服在散打运动学练中的一切主观、客观方面的困难，如此才能不断提高身体素质、发展运动技能、提高实战能力。

（五）遵循渐进原则

一方面，个体的认知原理、技能发展、机体适应某种生理负荷的过程，都是逐渐深入的过程，不能一步到位，要循序渐进，否则，就会造成学练的混乱，还有可能会对身体带来一些生理损伤，造成伤害事故。

另一方面，散打的学练有着属于它的学习体系，正确科学合理地安排学习训练计划，才能够较好地掌握散打技术，不能急于求成，“一口吃个大胖子”只能会适得其反。

因此，在散打学练期间，要有坚持锻炼的耐心，坚持由简到繁、由易到难、由小到大、由低级到高级、逐步深化，逐步有序提高，安排负荷。

（六）做到持之以恒

根据用进废退的原理，只有进行不断反复的强化肌肉活动才能形成和提高散打体能和技能水平，如果不能持续性地进行学练，那么后一次锻炼时，上一次的锻炼成效很可能已经消失了。

在散打学练过程中，为了更好地贯彻经常性、持续性原则，应注意养成良好的锻炼习惯。此外，散打学练者可以通过制订相应的学练计划坚持持续性的锻炼，按照相应的计划形成规律的习惯和稳定的行为，以做到持之以恒。

（七）加强自我保护

散打运动学练，离不开实战对抗练习，同时，散打运动学练的效果最终也需要通过实战来检验。

散打运动基本技能学练与实战学练、实战对抗中，为了确保运动者的安全，一般都会要求运动者穿戴护具，同时，对于护具的穿戴要严格规范，以避免运动者在训练或实战中受伤。

此外，为了进一步提高训练安全系数，在散打训练时，有条件者最好在垫子上进行练习，无条件者可在平整场地上进行，以将运动安全隐患降至最低。

当然，在散打运动学练实践中，由于不论预防措施多么完善，都不能完全避免事故的发生，因此在强化安全意识和措施之后，还应掌握一些必要的伤病处理常识，以便应急。

第二章 散打技击对抗的基础理论分析

散打中的技击对抗具有一定的特点，通过分析其基础理论，可以让我们更好地把握散打中的相关知识，进一步认识散打运动。本章将从散打的学科理论基础、散打动作的技击阈值、散打技击的思维网络、散打的攻防对抗、散打对抗姿态的变化规律五个方面来阐述。

第一节 散打的学科理论基础

散打，是中国传统武术的重要组成部分，以踢、打、摔、拿四大技法为主要进攻手段，具有远踢、近打、贴身摔等技术特点。此外，散打作为民族传统体育项目，也是现代体育运动项目之一，在比赛过程中，双方按照竞赛规则，利用踢、打、摔等攻防战术进行徒手搏击、对抗。因此，散打具有体育性、对抗性、民族性等特点，是一项独特的体育运动。本节我们主要探究散打的学科理论基础。

一、散打的生理学基础

散打的生理学基础主要包括两个方面，一个是运动过程中的物质代谢系统，一个是运动过程中的能量代谢系统，具体如下。

(一)散打与物质代谢系统

在散打运动中,人是活动的主体。生命活动的基本特征是人体内的物质代谢。物质代谢是合成代谢和分解代谢两个相互联系的过程。下面将具体阐述散打运动中的糖代谢、脂肪代谢、蛋白质代谢和水盐代谢。

1.糖代谢

糖是运动所需能量的主要能源,对人体有着非常重要的作用。一般情况下,人体每天所需能量的70%左右是由体内的糖来提供。一般来说,长时间进行散打运动,运动者就会出现运动能力下降的现象。通常情况下,在进行散打运动前半小时或两小时补充糖是效果最好的。这样能够让糖直接随血液运送到肌肉组织或者参与糖原的合成转化过程。在散打运动开始后,肌、肝糖原被动员进入血糖供给需要,能够使血糖保持在较高的水平上。

2.脂肪代谢

脂肪是以有氧代谢为主的训练中的主要能源物质,人体脂肪主要来自动物脂肪和植物油。脂肪只有在有氧运动中才能提供能量。随着运动时间的延长,脂肪的供能比例会随之增加。有氧运动可以提高机体氧化利用脂肪酸供能能力,长期运动能够使血脂升高,使血浆中LDL含量有所降低,血浆中HDL的含量增加,长期运动可以减少体脂的积累,使身体的成分得到有效改善。散打运动是一项剧烈的体育运动,当运动员体内的肌糖原和肝糖原消耗完以后,就会动用体内的脂肪来进行供能。

3.蛋白质代谢

蛋白质是一切生命活动的基础,能为机体的运动提供能量。

从食物中补充蛋白质,在消化液作用下蛋白质分子分解为氨基酸,被小肠吸收。氨基酸被吸收后,几乎全部通过毛细血管进入血液，可在各种不同的组织中重新合成蛋白质。氨基酸经脱氨基作用等代谢过程，最终生成氨、二氧化碳和水。氨基酸在分解代谢过程中释放能量。

4. 水盐代谢

水也是人体细胞和体液的重要组成部分，约占体重的60%～70%。人体的许多生理活动一定要有水的参与才能进行。它可以将氧气和各种营养素直接或间接地带给人体各个组织器官，并将新陈代谢的废物和有害有毒的物质通过大小便、出汗、呼吸等途径即时排出体外，还具有维持体温的作用。水的比热高，温度不易改变，所以当机体进行散打运动时，体内会产生很大的热量，水通过蒸发出汗消耗大量的热，保证体温没有大幅度的变化。

人体组织中，除碳、氢、氧、氮等主要元素以有机化合物的形式出现以外，其余各种元素统称为无机盐（也称矿物质）。无机盐在人体中具有非常重要的作用，在进行散打运动时，由于新陈代谢加快，人体需要的无机盐增加，因此，应该适当补充无机盐，从而保障身体的代谢需求。

（二）散打与能量代谢系统

能量代谢是人体和外界环境能量的交换，以及人体内能量转移的过程。主要包括以下几个系统。

1. 磷酸原供能系统

由人体内的ATP、CP分解产生能量的反应过程，称作磷酸原供能系统。在散打运动中，肌肉收缩所需要的能量中，ATP是将化学能转变为机械能的直接来源。磷酸肌酸（简称CP）是贮存在肌细胞中与ATP紧密相关的另一种高能磷化物，分解时能释放出能量。当肌肉收缩且强度很大时，随着ATP的迅速分解，CP随之迅速分解供能。磷酸原供能系统中，ATP、CP均以水解分子内高能磷酸基团的方式供能，因此，在散打运动的开始阶段，机体会最早起用、最快利用磷酸原供能系统，且不需要氧气参与。

2. 糖酵解供能系统

糖原或葡萄糖无氧分解生成乳酸，并合成 ATP 的过程为糖的无氧代谢，又称为糖酵解。糖酵解供能是机体进行大强度剧烈运动时的主要供能系统。糖酵解的过程是在细胞质中进行，不需要氧的参与。因为散打运动是一项剧烈，且需要强大爆发力的运动，在运动过程中，肌肉一部分所需要的能量来自于糖酵解供能系统。

3. 有氧氧化供能系统

有氧代谢供能系统，就是指机体在氧气充足的条件下，糖、脂肪、蛋白质会被彻底氧化成水和二氧化碳的反应过程。

在散打运动中，虽然运动剧烈，但主要还是以有氧氧化系统来供能。有氧氧化提供的能量，能够提供机体很大的能量，从而能维持肌肉在较长时间进行工作。由葡萄糖有氧氧化所产生的 ATP 为无氧糖酵解供能的 19 倍。ATP 和 CP 的最终再合成以及糖酵解产物乳酸的消除都要通过有氧氧化来实现。

二、散打的心理学基础

散打，是个人与个人之间在场上的较量，运动员在比赛过程中，需要随时调整自己的心理状态，并通过观察对手的眼睛和身体姿态来判断对手的心理变化，从而做出下一步动作。特别是一场势均力敌的散打比赛，谁的心理更强大，心理调整能力更强，谁就更容易取得比赛的胜利。具体表现如下。

（一）情绪对散打运动的影响

情绪对散打运动员的影响非常大。良好的情绪能帮助散打运动员在场上应对自如，控制好自己的动作，发挥出自己的正常水平。不良的情绪或运动员的情绪不稳定，导致运动员在场上发挥不佳，甚至出现一些不良的后果。

（二）意志对散打运动的影响

一名优秀的散打运动员，必须拥有坚强的意志，散打的训练和比赛都是非常艰苦的，运动员承受着身体和心理上的双重折磨，只有不断磨炼自己的意志，才能在比赛中不放弃，拼搏到底。如果意志力不够，很容易中途放弃或者对比赛失去信心，意志力是散打运动员必须具备的心理素质。

三、散打的运动学基础

在散打运动中，运动员的运动技能是比赛的基础。运动技能主要是指，人体在运动中掌握和有效地完成专门动作的能力，就是指在准确的时间和空间里，大脑精确支配肌肉收缩的能力。具体来讲，主要包括以下几个方面。

（一）运动技能的生理基础

1.运动条件反射与运动技能

运动条件反射的形成是通过很多简单的非条件反射综合而成的。简单的运动条件反射是随着大脑和各个器官的发育，在这些非条件反射的基础上，通过听觉、视觉、触觉和本体感觉与条件刺激物多次结合而逐渐形成的。人形成运动技能的过程就是形成连锁的、复杂的、本体感受性的运动条件反射。

2.运动技能的信息传递与处理

人对外界环境刺激到发生反应的过程，就是所谓的信息处理。在这个过程中人就是信息处理器，人对外界环境的刺激到发生反应的过程就是信息处理的过程。这一过程对运动技能也会产生非常重要的影响。

(二)运动技能的形成过程及发展

运动技能的形成,可划分为四个阶段,即泛化阶段、分化阶段、巩固阶段、自动化阶段。

1. 泛化阶段

由于人体对外界的刺激,通过感受器(特别是本体感觉)传到大脑皮质,引起大脑皮质细胞的强烈兴奋,另外,因为皮质内抑制尚未确立,所以大脑皮质中的兴奋与抑制都呈现扩散状态,使条件反射暂时联系不稳定,出现泛化现象。在这个阶段表现在肌肉的外表活动往往是动作僵硬,不协调,不该收缩的肌肉收缩,出现多余的动作,而且做动作很费力。这些现象是大脑皮质细胞兴奋扩散的结果。对此过程,教师或教练应以正确的动作示范帮助学生正确掌握动作,并且根据抓住动作的主要环节和运动者掌握动作中存在的主要问题有针对性地进行教学,注意不要对动作细节有过多强调。

2. 分化阶段

通过对动作技术的初步掌握后,初学者对该运动技能的内在规律也有了初步的理解,逐渐消除了一些不协调和多余的动作。这时候,大脑皮质运动中枢兴奋和抑制过程逐渐集中,由于抑制过程加强,特别是分化抑制得到发展。大脑皮质的活动由泛化阶段进入了分化阶段,因此练习过程中的大部分错误动作得到纠正,能比较顺利连贯地完成完整动作技术。这是初步建立了动力定型。但定型尚不巩固,如果有新异刺激产生,多余动作和错误动作可能重新出现。在这个阶段,教练要特别注意纠正错误动作,让学生更加准确地掌握动作。

3. 巩固阶段

巩固阶段是在经过反复练习后,运动条件反射系统已经巩固，大脑皮质的兴奋和抑制在时间和空间上更加集中和精确。此时，不仅动作优美、准确，而且某些环节还可出现不需要意志支配就能做出动作，叫作动作自动化。在环境条件变化时，动作技术也不易受破坏，同时由于内脏器官的活动与动作配合得很好，完成练习时也感到省力和轻松自如。

从上述中可以看出，形成运动技能的三个过程是相互联系的，每个阶段都没有明显界限。训练水平高的运动员在学习掌握新动作时泛化过程很短，对动作的精细分化能力很强，形成运动技能快。相比之下，初学者在新动作的学习时，泛化过程较长，分化能力较差，掌握动作较慢。动作越复杂，泛化过程就越明显，分化的难度也就越大，形成运动技能所需要的时间就越长。

4. 自动化阶段

在完成了运动技能的泛化、分化、巩固阶段后，就会产生动作的自动化发展。练习某一套动作时，可以在无意识的条件下完成的一种行为，就是所谓自动化现象。自动化的特征主要表现为，对整个动作或者是对动作的某些环节，暂时变为无意识的。

在运动技能得到巩固后，第一、第二信号系统之间的联系，已经成为运动动力定型的统一机能体系。第一信号系统的兴奋可以选择性地扩散到第二信号系统，所以运动员可以精确地意识到自己所完成的动作，并可以用语言表达出来。

当动作出现自动化现象时，第一信号系统的活动已经从第二信号系统的影响下相对地“解决出来”。完成自动化动作时，第一信号系统的兴奋不向第二信号系统传递，或者只是不完全地传递，这时的动作是无意识的，或是意识不完全。动作自动化的程度在很大程度上影响到运动成绩的提高，但是，需要注意的是，动作达到自动化后质量就得到保证，这是不一定的。虽然动力定型已经非常巩固，但由于进行自动化动作时，第一信号系统的活动经常不能传递到第二信号系统中去，因此，如果动作出现细微的错误，很可能一时不能觉察，等到一旦觉察，可能变形的动作已因多次重复而巩固下来。因此，这就要求在动作自动化的发展中时刻检查和纠正动作质量。

第二节　散打动作的技击阈值分析

散打，作为武术的一个重要组成部分，自 1979 年试点开展以来，已经有了接近 40 年的历史，在这期间，散打技术有了很大的进步和发展，但其仍然缺乏理论上的升华和指导。而散打的根本，是一门技击运动，因此，可以通过对技击理论的研究，来科学地指导散打的进一步发展。有了一定的理论保障，武术散打才能在世界众多搏击类项目中始终立于不败之地。本节我们来探讨一下散打动作的技击阈值。

一、散打技击相关概念

（一）散打技击的本质

人类所有的技击性运动，包括武术、拳击、跆拳道、摔跤、泰拳、柔道、自由搏击等运动，都有其本质特征，即人类为了战胜对手，在一定条件下最大限度地挖掘自身的攻防能力以争取最佳的打击效果。技击从一定程度上反映的是人的本性，而技击类的运动也在一定程度上满足了人的攻击欲望。但人类毕竟是有思想的，通过一些价值观和规范的约束，可以让这种技击运动合理化，从而促进人类的全面发展。散打，作为武术中的一种重要表现形式，当然也不例外。

（二）散打技击的规律

实践证明，只有正确地认识和把握规律，按照规律办事，才能把事情办好。散打技击，也是一种客观现象，同样具有它自身的客观规律，正确地认识和把握散打技击的客观规律，才能取得比赛中的胜利。散打技击中的规律便是指，要掌握散打技术训练中的技击规律，弄清楚散打比赛中的技击规律，只有这样，通过对其中规律的不断探索，不断总结和完善自己的散打技战术，才能立于不败之地。

（三）散打技击的原则

散打技击的原则主要是指在散打中，人为观察场上问题、处理场上问题的准则。只有遵守一定的技击原则，才能在对抗中不让对手在自己身上产生技击效果，而自己却能在对手身上产生技击效果。即使在比赛过程中被对手击打，也能减少或化掉对手击打的力量而不被损伤，做到避实就虚，以巧制胜。在散打比赛中，要注意建立复合型的攻防意识，注意在散打比赛中做动作的完整性。

（四）散打技击的目的

无论任何人，在做事情时，都会有其目的。在进行散打比赛时，参赛者也必须了解技击的目的，才能有所斩获。散打技击的目的主要表现在：不断击打对方，取得比赛的一定效果；采取控制与反控制来掌握对手的思维状态，从而为下一步动作打好基础；破坏对方的技战术平衡状态，赢得比赛胜利。

二、阈值的概念

阈的意思就是界限，故阈值又叫临界值，是指一个效应能够产生的最低值或最高值。阈值在各个领域都有应用，包括数学、化工系统工程、自动控制系统、生物科学、心理科学等学科。此外，阈值可以是一个范围，不一定是一个特定的值，阈值是可以发生变化的，它可以根据事物的发展，变高或变低。

三、散打动作的技击阈值

(一)散打动作技击阈值的含义

在散打对抗中,我们可以通过阈值的高低来分析运动员驾驭散打动作的能力,也可以通过阈值的升降来判断散打训练的效果。在训练和比赛中运用动作的能力越高,其阈值就会越低。在散打的学习与训练中,技术越复杂,表现该技术的动作阈值则越高,反之,技术越简单,该技术的动作阈值就越低。

对于初学散打的运动员来说,从表面看上去,他们的基本动作同高水平散打运动员的功架并无大异,但是其动作阈值高,而高水平的运动员动作阈值低,因此在散打比赛实践中,初学者的动作应用难度比较大,而高水平的运动员动作阈值相对低,动作应用的可行性较高。同水平散打运动员的动作阈值大致相当,他们之间的比赛中动作的效果也就旗鼓相当,那么比赛结果就要视散打对抗双方所设计战术与运用战术的能力而定。从散打的日常练习中分析,如:上步左右冲拳,初学者往往通过练习都能很快掌握,在一段时间内的强化练习后,能很快将该动作组合的阈值降低,在实战中运用率与成功率就会提高;而腾空飞腿或旋风腿的动作是非常复杂,不容易学习的动作,学习起来就比上步左右冲拳难度大得多,其阈值就特别高,这类通过训练要降低其动作阈值的效果不好,在比赛中成功率就会变低,可能在擂台上都没有运用这一类动作的机会。

因此,了解散打动作的技击阈值,对于自己的平时训练和比赛,以及对对手的技术特点,具有很大的帮助,可以让自己更加游刃有余地进行有针对性的训练和比赛。

(二)散打动作技击阈值的影响因素

通过上述的分析,我们知道,散打技击阈值必须通过一定的专门化训练来降低,使相关的散打动作在比赛中威慑力加大,但这种能力却是相对的,因为技击阈值是一个动态变化值。如果不进行身体训练和专项训练,阈值又会回升,并可能会逐步朝着本人最初始的阈值靠拢。在散打比赛过程中,运动员的阈值会随着外在的环境、自身的心态以及自身身体状态的变化而发生高低上的变化,同时肯定也会受不同的比赛对手以及对手水平高低的影响,双方的动作使用存在着相互抑制的状态。比赛中,一定要注意把动作的阈值降到比对手更低的状态,只有这种低阈值的动作,才能在散打比赛中争得相应的主动权。

那么,在散打比赛中,技击阈值究竟跟哪些因素有关系呢?让我们来探究一下。

1.瞬间思维的能力

散打比赛中的瞬间思维是指在散打比赛中对势态的判断与表现技法的动作思维。主要包括两个方面。

(1)对运动员所表现出来的动作技击含义的理解程度、掌握该动作的熟练程度、该动作与比赛势态的关系处理能力,以及是否能够做到瞬间的应急反应。

(2)散打运动员形成的技击思维网络所涵盖的技击功能是否完整、整个网络是否顺畅、网络对所需战术的使用与战术转换的驾驭能力怎么样,围绕比赛制定的战术中,其所需实施的一系列动作中该动作的权重。

如果你所使用的动作具备了上述条件,那么该动作的瞬间思维就具备了在比赛环境中的反应基础。在比赛中的表现,主要体现在势态瞬间出现时,你能否提前对势态做出相应的感知,然后,调节自身的身体状态,并准确地完成相应的动作。从你反应到整个动作完成的时间必须控制在比赛势态出现到比赛势态结束之间。通常比赛势态的出现就在那么一瞬间,所以必须拥有强大的瞬间思维能力。通常而言,瞬间思维的能力越强,动作的技击阈值越低。那么,运动员在散打比赛中就能发挥出更好的水平。

2. 动作形与法的结合程度

这里的形和法，分别具有特别的含义。形是指动作的形态，法是指动作的运行方法。在散打比赛的对抗中，形是法的载体，而法是形的核心，形是否能将法很准确地表现出来和法是否能正确指导形的实战表现，都直接影响到阈值的高低。

在散打比赛中，根据对手动作的形与法，自己该选用什么动作去表达战术，战术的特点需要怎样的动作功能才能够表述，在表述这些战术功能时，怎么合理地使用一些动作，使用时如果出现效果不佳又该用什么动作去替代，同样的动作在不同的技击环节里使用的特点又有什么区别，当一种势态出现该用哪个动作去把握它，什么时候用和用的程度该如何把握等，这都是形法配合的具体体现，我们要在训练中逐步地把问题解决。在某种程度上，形与法的配合质量直接影响到阈值的变化。

3. 综合素质的能力

散打技术动作的使用，必须有相应的素质来支撑，只有拥有一定的综合素质，才能在比赛场上做出正确的动作，而这种素质基本包括以下几类能力。

一种心理品质：坚强的意志力和必胜的信念。

二种技能功力：一定的杀伤力与抗击打能力。

三种身体感觉：时间、空间和本体肌肉感觉。

三种快速能力：反应快、决策快和动作速度快。

三种思维能力：瞬间应变能力、抗干扰能力和控制能力。

当一个散打运动员的这些素质水平越高时，对单个具体动作的阈值降低就越有效，而这些素质中的任何一种在比赛中发生变化，都会直接影响到动作阈值的高低变化。

4. 竞争对手的技击水平

散打比赛是双方的较量，不是一个人的技艺展示。因此，能不能取得比赛的胜利，在一定程度上还取决于对手技击水平的高低。决定一个散打运动员技击水平高低的因素是多方面的，在比赛中双方的对抗是多维立体的，任何一种因素的改变都有可能影响运动员实力的体现。赛场上双方都设法控制或反控制对手，在克制对手优势发挥的同时，使自己的优势能够更好地发挥出来，以争取获得势态控制的主动权。对抗双方的技击水平在此消彼长中不断出现变化，如果对手技击水平高，则必定会抑制我方技术水平的发挥，使得我方动作使用难度加大，原来非常好用的动作现在用起来比较费劲，此时动作的阈值自然会升高，导致动作使用难度加大，即便是用尽全力使用出来也可能达不到预期效果；但如果对方技击水平低，那么使得我方在实战中，动作应用能力就会加强。因此，技击阈值的高低与竞争对手的技击水平成正比，与自身的竞技状态成反比。

（三）散打动作技击阈值的具体体现

在散打中，经过一定程度上的训练，往往能够使动作的阈值降低到远比常人低的程度，而在散打的实战比赛中，运动员所表现出来的动作水平往往能反映出他的动作阈值。做同样的动作，在高水平散打选手来说，其阈值很低，在比赛中就会表现得随心所欲。而对于水平低的选手来说，则恰恰相反，这是初学者不能模仿高水平运动员的原因之一。因此，每个运动员的动作阈值都不一样，要充分理解和挖掘自身和对手的动作阈值，从而为比赛做充分的准备。

通过对散打动作技击阈值的了解和分析，让我们明确了一个动作或一个组合要想在对抗中得到顺利发挥，必须具备相应的使用条件，并且可以为我们在进行分析散打运动时，提供一定理论上的支撑。例如：我们可以通过一场比赛中运动员在擂台上的表现，运用技击阈值理论分析运动员具体动作的使用情况，从而明确场上队员的动作表现好坏的原因所在，对动作的观察能够做到知其然而又知其所以然，并可对过去的训练做一次较客观的剖析。要使队员在擂台上对某些动作的使用达到我们预期的训练水平，可以分析当下队员哪些条件已基本具备，哪些条件还比较欠缺，为我们下一步调整训练计划和训练方法提供明确的、可靠的理论依据。同时又能使过去一些认为较抽象的现象，从技击阈值的角度来分析，使其更具体化，使我们能够对运动员的状态更明晰，为我们提供一个良好的分析依据。因此，了解和认识散打的技击阈值是非常重要的。

第三节　散打技击的思维网络分析

一、散打技击思维的概念

散打技击思维指的就是，在散打对抗过程中，运动员所产生的思维活动。思维是人对事物的间接反映，包括分析与综合、比较与分类、抽象与概括等心智操作过程。因此，散打技击思维，就是指运动员根据自己先前的比赛经验，对目前对手的竞赛水平，比赛场上的变化，进行一个综合性的判断、分析、决策的心理过程，具有综合性、立体性、变化性的特点。在散打比赛的对抗中，运动员各自的技击思维都是随着双方共同营造的局面而不断变化的，我们需要对比赛中各种技战术、时空感觉等内容进行综合思考，做到对比赛的统筹兼顾、主次分明、有的放矢，在比赛前首先做到思维上的取胜。

二、散打技击思维的特点

散打比赛中，运动员的思维具有一定的特点，主要表现在，散打场上的形势变化迅速，运动员必须时刻调整自己的思维模式。从时间上讲，要根据比赛进行的时间段不同来调整，例如战前准备阶段,比赛阶段和赛后阶段都是不一样的。而散打技击思维还要表现出一定的程序性,按照比赛的规则和流程进行,及时调整自己的状态。此外,要建立起散打技击思维的立体性特征,对场上局势做一个清晰的判断,并随时调整自己的思维模式。

三、散打技击思维网络的作用

比赛中我们常常会发生这样的事,一些平时训练各方面都不错的散打运动员,在比赛中却发挥不佳,捕捉战机的能力与平时训练中大相径庭;而有些平时训练表现一般的队员,到了赛场上却能超水平发挥。在分析一些优秀散打运动员的技术情况时,发现他们在比赛场上的水平发挥总是很平稳,总能很好地发挥自己的技战术水平,且隐蔽性较强,各种技法的配合总能弥补某些方面的不足,可是他们体现出来的动作表象,如:单独的动作技巧或某方面的身体素质分析,却又没有什么很特别之处。那么,究竟是什么因素在发挥作用呢?这就是散打技击思维。散打技击思维能够让技击者做到恰到好处地发挥出自己所具备的能力,控制着比赛的节奏,掌握势态发展的主动权。技击思维网络能够保障比赛的思维秩序,是取得比赛的金钥匙。

散打比赛中,除了运动员要具备一定的技战术能力,运动员还必须合理分配自己的体能,此外,运动员还需要承受很大的心理压力,同时要具备根据场上形势变化进行调节的应变能力。怎样才能破坏对手的体力分配,控制对手的心理,掌控比赛的态势,这些在比赛中非常重要,却又很无序的表现,需要有一个统筹的安排。实战中的时效性很强,要求选手在比赛中有效地把握每一个有利于自己的"瞬间"时机,并能够在瞬间做到精确分析、判断、制定决策,并付诸行动,这是一个复杂的技击工程。技击的"瞬间"特性是不允许选手有多余的时间去逻辑推理后再去作判断。如果我们能够在事先训练好所需的这些能力,并把这些功能的关系理顺,让这些功能能够在技击思维网络的统筹安排下,使这些功能处于万事俱备只欠“东风”的待发状态，只要相应的势态这个“东风”出现，就会在网络产生相应的反应，让思维控制各种功能与比赛中出现的相应势态建立起对应关系，就如同电路上灯与开关的关系。建立到了技击思维网络，就一定程度上拥有了掌控散打比赛的必杀技。

此外，在技击思维网络的总领下，散打运动员可以最大限度地发挥自己的潜能，降低动作的技击阈值，使自己的动作都能运用得恰到好处。技击思维网络可以对运动员进行宏观的、立体的、全方位的指导，通过这一方式，运动员可以在技战术上表现得游刃有余，从而取得散打比赛的胜利。

四、散打技击思维网络与其他因素的关系

散打运动是一项复杂的竞技运动，包含着很多对比赛结果可能产生影响的因素。这些因素之间相互作用，共同影响着散打比赛的结果。

（一）身心素质和技击思维网络

散打运动，归根到底是个人与个人之间在身体和心理上的对抗，在对抗中，谁的身心素质越强，谁就会取得比赛的胜利。身体素质是所有散打运动员的物质基础，离开了身体素质，一切技战术都只是空中楼阁。身体素质也是技击思维网络稳固性的重要保障，可以让思维保持很好的韧性和强度。而心理素质，是散打运动员的重要素质，好的比赛心态和心理素质，往往能使运动员发挥出自己的技战术水平，当然也能保障技击思维网络的流畅性。

（二）技术与技击思维网络

散打的技术动作是散打比赛的最基本单元，任何复杂的战术、技击目的、技击思想都要建立在这些基础之上，技术构成了战

术的基本元素,但这些技术不是简单无序的堆积,而是在思维网络的作用下,有选择、有目的、有联系地组合在一起的。反之,如果没有技术的基础支撑,战术不能够发挥出来,技击思维对整个散打比赛的控制也就不能显现出来。

(三)战术与技击思维网络

战术,是取得散打比赛胜利的关键所在,它是一种关于技术的综合性应用过程,这是需要思维进行指导的。战术本身就是一定的技击思维,而围绕着如何战胜对手的技击思维本身就是战术的初级阶段。每个运动员都拥有自己独特的战术,这些都是技击思维不同形成的,是运动员根据自己的条件和环境所做出的最好结果。散打的战术,从某种程度上讲就是技击思维网络中的线,当战术发生变化时,思维网络也会随着改变自己的形状,但都会朝着有利于散打对抗的结果发展。

(四)外界环境与技击思维网络

散打比赛中,往往也会夹杂着一些场外因素的影响,例如场内观众的数量和喊声、场地设施的环境和条件、外界媒体的渲染和鼓吹等因素,都会对运动员的技击思维网络产生一定程度上的影响,因此,应该训练散打运动员的抗干扰能力,提高比赛表现。

五、散打技击思维网络的表现

衡量一个散打运动员技击思维网络表现的好坏,有几个方面可以考虑:首先,运动员及其对手的综合实力,主要包括身体素质,技战术水平的高低,这些都会对技击思维网络在场上的表现产生一定的影响;其次思维网络的稳固性是衡量其表现的重要一点;最后,一定要注意思维的整体性,从整体上去布局技击思维网络,对场上局势有一个整体性把握。

总之,对于散打运动员来说,具有一个体系完善的技击思维网络是非常有必要的，一张稳固的、有序的、顺畅的技击思维网络，是散打运动员取得成绩的保障。因此，在平时的训练和比赛中，注意培养运动员的技击思维网络是非常重要的。

第四节　散打攻防对抗分析

散打运动是一项充满攻防对抗的运动，场上运动员的攻防对抗充满着变化和竞争。本节将从散打技击的角度对这种攻防对抗作一个剖析。

一、散打攻防的整体观

散打运动，作为武术的一种表现形式，无不展现着其特性。整体观是武术的特征之一，因此，整体观在散打中也充分体现着。其主要的整体观表现在以下几个方面。

（一）散打攻防整体观的主要内容

首先，就散打的技击结构而言，踢、打、摔、拿是构成技击对抗的基本元素。而这些元素在对抗中的关系是不可分割、相互关联的。每一种技法都是对抗整体中的一个重要组成部分，它们的存在不能脱离整体而以游离的形式单独存在。

其次，在散打运动中，就散打攻防技法的基本结构而言，表现攻防的技法应该具备攻中有防或防中有攻的攻防同体特性，这就是攻防兼顾的具体表现；同时，又表现在各个维持技击活动的基本元素中。换言之，表现在攻防对抗中的力点、轨迹、平衡、协调、距离、角度、时空，可看作由在对抗中的阴阳一气所化。它们在这一过程中，相互转化，分布、运行于动作之中，这种动作在攻防形态上的同一性，保证了散打动作技击阴阳的统一性。

最后，就散打的身体机能活动而言，技击动作的物理结构和技击含义的统一性.决定了散打动作攻防机能的统一性,使对抗中各种不同动作的攻防机能相互作用,协调配合,表现出“和实生物,同则不继”的特性。机体所能够展现出来的任何动作,都有其不同的功能,这些功能满足对抗的各种要求,而这些不同的功能又是技击者整体机能活动的组成部分。人体各个组成部分之间,在结构上是不可分割的,在生理上是相互联系、相互制约的,在功能上是相互影响的。身体整体统一性的形成把全身组织器官有机联系起来,构成一个表里如一、上下沟通、密切联系、协调共济、井然有序的统一整体,并且通过精、气、神的作用来完成机体统一的机能活动。

(二)散打攻防整体观的意义

首先,散打的具体技法是在整体观的指导下,把人体的基本动作协调配合,把身体各部位的功能调动起来。散打中的动作就是在技击思维的指导下,把每个动作都组织起来,维持其场上的动态平衡。在比赛过程中,散打的技法是随时变化的,只有从整体思维出发,才能更好地了解动作变化的规律,并用整体的观念来指挥下一步的动作。

其次,在散打比赛中,两者之间的对抗是不断变化和发展的,只有把握局部和整体的辩证统一,才能形成正确的判断。此外,散打比赛中的环境也会影响运动员的发挥,因此,必须注意从整体上考虑消除环境带来的影响,完善自己的散打技术,从而取得比赛的胜利。

散打比赛的技法使用,是一个受多方因素约束的有机整体,局部和整体之间保持着相互制约、相互协调的关系。因此,在散打比赛中,必须注重对整体环境的把握,在整体观念下指导散打技击和攻防对抗的各个环节。

二、散打攻防的恒动技击观

从唯物哲学观的角度来讲,一切物质都是运动的,运动是绝对的，静止是相对的。从技击学角度讲，技击具有运动的属性，是不断运动和变化着的。散打对抗就是对抗双方通过攻与防的形式相互作用，并且对抗的效果在不断变化和发展着，最终产生对抗的结果，即比赛的结果。因此，必须从发展和变化的观点来看对抗中的散打，它是恒动变化的。

三、散打攻防的均衡观

散打攻防的均衡观，指的是在散打比赛中，运动员在体能、心理智能、技战术、外界环境等因素的影响下，保持自己处于一个平衡的赛场状态。这种均衡观的拥有和保持，对散打运动员发挥自己的水平，掌控比赛的场上形势非常关键，是取得比赛的法宝。

四、散打攻防中的时速

随着散打运动的不断发展，人们对散打动作的认识不再只停留在表面，而是从更深层去认识它，把握它，进而应用它。这里的时速是指，散打攻防中动作的快慢程度。在比赛场上，散打的时速是根据双方的交战情况而发生变化的，运动员要根据自己的技术动作和战术计划，来不断调整自己动作的快慢程度，提高动作的准确性和成功率。只有把握好散打中动作的时速，才能使自己在赛场上立于不败之地。

五、散打中的攻防转换

在散打运动中，攻防转换快是其最明显的特点，也是这项运动的最明显特征。具体来讲，攻防转换就是在散打对抗中，对抗进攻转为防守或由防守转为进攻的实战类型的变换。在攻守转换过程中，散打运动员攻防对抗有时表现为攻防停滞，即交战双方处于相持状态。散打中的攻防停滞有三种形态：首先是对峙状态，即非接触性的相持状态。在对峙状态时，双方相距一定距离，伺机待动，蕴含了攻的意图，同时也包含了守的倾向。所以，它是攻防初始的序幕，是攻防的开场。其次是两位选手同时处于进攻状态，即攻防双方在同一时间内都采取了进攻的动作。最后是双方处于势均力敌的状态，即都不愿放弃主动权而使攻防转换处于僵持或停滞状态。在实战比赛中攻防停滞是不能得分的，因此，攻守转换能力是散打运动员的核心能力，是取得胜利的关键。攻防转换分为进攻转换成防守和防守转换为进攻两个类别。

六、散打中攻防战术的特点

首先，要注意在攻防中的时间差距，在比赛过程中，如果能抓住比赛中的进攻时机，把握对手在一瞬间的防守漏洞，就会取得良好的效果，而具体的时间如何把握，需要运动员在比赛中去观察，去寻找，比如当对方体力下降的时候，就可以抢先抓住机会，击中对手。其次，攻防的距离，是每个散打运动员必须掌握的一个技术，保持合理的距离，有利于进行进攻和防守，距离对手太近或太远都不容易击中对手。要有意识地通过移动步伐、虚晃身体，主动调整自己的距离，从而使自己处于比赛的有利位置，进行攻防上的转换。最后，要善于抓住比赛中的空当机会，抓住时机进攻。在散打比赛中，要多利用战术的搭配，例如进行抢攻，佯攻，防守反击等，从而迷惑对手，达到一定的比赛目的。灵活地运用和掌握散打战术中的特点，可以为比赛带来很大的帮助，帮助散打运动员更好地赢得比赛。

七、散打攻防中的技巧

（一）搓击法

在散打比赛中，采取突然攻击或反击，可能一击便可给对方造成重创，从而挫伤对方进攻的信心和勇气，不敢再贸然进攻，甚至一击之下就可给对手造成伤痛，丧失打击能力。在对抗的过程中，如果对方连续不断向自己攻击时，自己完全处于被动的局面之下，此时便可运用搓击法，比如出拳突然攻击对方主要要害部位比如面部，小腹关节等处，或突然近身实施快摔的方法，以此来扭转被动的局面，从而转败为胜。

运用搓击法时，运动员要有灵敏的反应，准确的判断，迅捷的出击，善于洞察对方漏洞，寻找破绽，一有机会立刻出手，重创对手。搓击法的优点是能够做到一招制胜，转败为胜。运用搓击法的前提是，运动员必须具备一定的防守和抗击打能力。

（二）消耗法

在散打比赛中，采用消耗的战术是一种可取的办法。散打比赛，不仅仅是斗智斗勇的争斗，更是一场意志战、体力战。谁能坚持到最后，谁就是胜者，因此，在比赛中采用消耗对手的战术，可以获得取得比赛胜利的先机。具体来说，消耗法是指采用躲闪周旋的方式，防守多，进攻少，以守为攻，大量消耗对方的体力和心力，待对手体力衰竭时，再乘虚而入，向对手发动猛烈的攻击战胜对手。

消耗法的优点是以逸待劳，避实就虚，以弱胜强。当在散打对抗过程中遇到实力较强的对手时，自己运用一些方法感到无法取胜时，便可采用消耗法来应敌。在遇到实力与自己水平相当的对手时，也可采用消耗法诱敌攻击，消耗对方体力，保存自身的体力，进而取得比赛的胜利。

八、散打攻防意识的培养

（一）攻防意识的重要性

在散打比赛中，“攻防意识”具有不可替代的地位，而且在比赛过程中每个细节都需要这种意识，运动员所拥有的技术、斗志以及战术谋略在运用过程中都会受到这种意识的影响。散打比赛过程中，比赛形势变幻莫测，运动员的动作与姿势以及身体所处的位置都在发生不断的变化，而且变化很快，留给运动员考虑的时间非常有限，因此，这就要求运动员必须拥有良好的意识反应。意识反应越好越快，只有这样才能将对手的战术意图提前识破，进而采取应对的战术策略。一旦犹豫不决，就会失势，必然受到对手的制约。因此，散打运动员一定要重视“攻防意识”的培养，要善于用“攻防意识”来不断提升自己。当场上出现以下一系列情况，比如对手顽强抵抗，自身处于被攻击或威胁的状态下时，能够启动自己的攻防意识按钮，准确、及时地将敌人要运用的战术提前识破，更好地完成“打点”，并针对对手的重要部位进行打击，充分发挥攻防意识的作用。例如：在散打实战过程中，身为防守的一方如果一直被对手攻击，而明显处于下风的情况下，就需要充分发挥攻防意识的作用，积极主动地找准破绽，实现一击即中的目的，从而打击对手，降低威胁，将自己逐渐从劣势转化为优势。任何一名优秀的散打运动员，他们在使用攻防动作或制定攻防战术的时候，都需要利用自己的意识来支配和调整，注意控制比赛节奏，有快有慢。散打攻防意识中的攻防是相互联系、相互转化的，在散打实战过程中，随机应变显得非常重要，防的同时要意识到攻，攻中也必须要带有防。当运动员体力与技术相差得不多时，这时候意识运用就显得非常重要了，攻防意识的高低决定了比赛的结果。因此散打运动员一定要注意对攻防意识的培养和锻炼，从而增强自己的散打整体水平。

（二）攻防意识的培养途径

1. 增强身心素质

散打运动员只有拥有良好的身心素质，才能在比赛的攻防过程中不断发挥自己的技战术水平，逐渐建立起攻防的意识。一个优秀的散打运动员往往具有良好的速度、力量、耐力、柔韧等身体素质，为进攻和防守打好最基本的身体基础；同时他们的心理素质也往往很强大，在场上面对落后的局面或者处于被动局面时，往往能积极面对，勇于克服困难，进而战胜对手。

2. 提高自己的技战术水平

攻防意识是建立在攻防战术的基础之上的，散打运动员只有不断提高自己的技术和战术水平，充实自己的技战术思想，才能不断构建起自己的攻防意识。攻防意识是在不断的技术和战术训练中，强化后内化成思维模式的，拥有了良好的技战术水平和攻防意识，可以为赢得比赛打下坚实的基础。

3. 攻防意识技能的强化

(1)增强运动员的判断力

判断力，是指人们对事物的分析和决断能力。在散打比赛中，判断力发挥着重要的作用。运动员在比赛中判断的准确度，决定散打实战中的技术特色，它包括了技术的准确度、速度、狠度、变度。具体来说就是，若要充分发挥技术的作用，就要做出准确且及时的判断，因此，散打运动员要重视判断的准确度，在这个基础上发挥自己的技战术。一名优秀的散打运动员应该保持敏锐的观察度和洞察力，不断提高判断的准确性，做到“料敌在心，察机在目”。散打运动员需要在比赛场上用心去感受、去判断、去领悟对手的战术意识，为自己下一步动作以及场上局势做出应有的判断，进而取得胜利。

(2)提高运动员的应变能力

应变能力，是指人们在事物发生一定变化时，所作出的应对。具体来说，就是当外界环境、条件、对手等发生变化时，能够及时采取措施迅速加以应对的能力。在散打的比赛场上，比赛情况千变万化，运动员需要根据场上情况，调整自己的技战术，不要过于机械，完全按照自己或教练的赛前部署，而是要善于掌握整场比赛的变化情况，灵活地采取相应的技术进行对抗，让对手不能轻易地察觉到你的战术意图，从而进行有效的攻防。

（3）提升运动员的预测能力

在竞技体育赛场上，对竞争对手可能做出的动作，对赛场上可能出现的变化如果能有一个提前的预测能力，那么对运动员采取的下一步动作和技战术上的安排会有很大的帮助。散打运动也不例外，散打比赛场上瞬息万变，运动员如果能够准确地预测场上对手的下一个技术动作或者可能采取的战术，那么他就能借力打力，抓住比赛的势头变化，从而战胜对手。

九、散打攻防战术的创新

随着散打运动的不断发展，散打攻防战术实践中不断被创新，散打运动员应该不断根据自己的技术，并结合在训练中总结的心得体会，观看优秀运动员的赛事录像，作好笔记，对散打的攻防战术做一个全面的认识和了解，作一个系统的梳理，最后进行一定程度上的创新。现代散打战术已经出现了全面、巧妙、变化、主动、奇异的特点。因此，在散打的攻防训练中，一定要注意对相关技战术的总结和创新，才能在比赛中立于不败之地。

第五节　散打对抗姿态的变化规律分析

散打对抗姿态，指的是在散打对抗中所表现出来的对抗形势及状态。其表现形式主要包括基础姿态和隐现姿态两种。

一、基础姿态

（一）第一个环节

第一个环节指的是双方由无效距离到有效距离的过程。双方的攻防从对峙到起动再到肢体接触前的一瞬间皆为处在阴阳的相对均衡状态，此时的均衡内隐藏着双方审视、把握时机的能力与技术动作技击阈值变化等因素的比拼，但双方在这些因素中的质量是隐形的、不均衡的。由此而造成的切入时的姿态将直接影响到双方在第二环节的主动与被动。要把握第一环节的势态，必须很好地了解此时的时机会如何产生，其中的势态又如何变化，采取主动进攻的方式去把握对手预备式里隐藏着的、相对“静”态的时机；或是等对手先出动作再针对对手的动作特点进行防守反击，到防反中去把握对手“动”态中的时机。俗话说“拳打两不知”，从散打运动的特点来看，双方都已进入危险距离的全面对抗，各项目在此时都表现出对抗双方很难束缚对手进攻动作的状态。尤其是脱打的对抗形式，要做到对对手的每一个进攻动作都能够一对一地全面防守，在脱打形式中普遍存在有难度，而缠打的技法表现形式在散打项目中普遍在规则上受到限制，导致在此环节与此势态中的技战术发展出现了“脱打”形式独打的现象。实践证明，在这个环节中明显表现出对抗中攻防姿态上的不均衡，赛场上趋利避凶的心理迫使出现攻防两类技法的阳盛阴衰状态，即普遍表现出防守跟不上进攻节奏的现象。因此，此时双方的对攻状态很自然地表现出进攻的频率远大于防守使用率的现象。

(二)第二个环节

1. 一方进攻，另一方防守的姿态

进攻方通常会设法让自己的进攻转变成优势，迫使对手的防守阻止不了反击，这样第二环节的优势就会被进攻方延续下去，迫使处在被动局面的对手不能够结束对抗，以达到主动者更主动、被动者更被动，直到达到进攻方的技击目的为止。而防守方在对手的进攻下则必须力求做到防守严密，并在此稳住阵脚基础上争取快速地组织反击，如果做不到防反也要争取把对抗快速带

入第三环节，以便结束此姿态下的对抗使自己尽快摆脱被动局面。通常在此阶段都采取或脱离到无效距离，或设法阻止对手进攻让对抗无法进行下去，以达到保护自己的最基本的技击要求。

2. 双方都处于进攻姿态时

此时在双方进攻动作的作用下，双方的防守能力都相对薄弱。此对抗状态是极易产生动作与动作间的犬齿交错，其结果是双方动作交织在一起，相互牵制，导致双方都难继续动作；或对攻时出现一方被动而迫使被动方快速地进入第三环节而结束对抗。这种姿态下的对攻，表现出具有更大优势的一方往往具备更强的威慑力，更能够把杀伤力与抗击打快速地转换成技击效果，这与技击者的基础素质有很大的关系。

3. 双方都处于防守姿态时

此时，双方都使不出有效的进攻动作，双方的技法重点便都放在尽力控制对手的动作运行上，导致此时的对抗都很难进行下去，形式上出现了缠抱现象。

(三)第三个环节

进入场上对抗的第三个环节后，双方的技术在强势与弱势的度上会出现不同程度的差异，导致双方此时对抗的感受不同。表现强势的一方要将第二环节继续进行下去，而弱势的一方希望尽快结束对抗以减少被动或损失，所以在环节的界定时第二环节与三环节的界定是有差别的，其发展方向完全是根据对抗双方在此时对势态的驾驭能力而确定。在第二环节出现上述情况时，一方有能力脱离到无效距离，一方缠抱而另一方又无法解脱，或一方已没有能力再组织有效进攻而导致相互缠抱，使得比赛难以维持下去，此时场上的裁判员必须根据《规则》的要求喊“停”，人为地迫使对抗结束而完成第三环节。

通过上述三个环节的分析，我们可以发现散打比赛之所以产生比赛不流畅、技法不连贯的现象，这些都是因为场上对抗姿态的变化引起的，这些现象的出现，对散打项目的发展是不利的，我们必须想办法解决这个顽疾。

二、隐现姿态

隐现势态是对抗中双方具体动作相互作用、相互制约的结果，是双方共同营造出来的。双方动作的功能相互制约处于不断的变化之中，使得势态的变化无法由哪一方独自来决定。势态的发展结果与对抗双方在技术动作、功力、抗击打、平衡能力等许多方面表现出来的能力直接相关，对抗中的任何一个因素都有可能会改变姿态的发展方向。

以后手冲拳为例：甲方在第一环节运用后手冲拳强攻切入，势必使乙方做出相应的反应。或者进行防守反击，或者下潜抱摔，或者因为乙方准备不充分采用退步躲闪等应对方式，都是乙方处理甲方后手冲拳可供选择的技术手段，选择其中任何一种技术手段都会产生不同形式的对抗姿态。如：在进行防守反击时，必须保持中距离防反技法的使用空间，这是双方第二环节中拳法对攻的最佳距离。而选择最佳的切入点与切入动作，比如选用前脚侧踹，这样就会使对抗的势态朝更加立体化方面发展。如果能够很好地把握与利用好隐现势态是直接关系到对抗结果的核心问题。

第三章 散打技法原理解析及运用研究

本章主要研究散打技法的原理与运用，通过深入解析散打技击对抗的组成与结构、散打技法原理与要求、散打技法的模式及风格、散打对抗中的控制与反控制、散打技法的合理运用这五方面的内容，促使运动员完善自身技法并形成理论体系，为运动员提高训练竞技水平奠定理论基础。

第一节 散打技击对抗的组成与结构

在很长时间的发展过程中，技击活动逐步形成自身的运行特征。然而，因为历史原因的作用，广大群众并未高度重视技击结构，也没有对其进行深入思考，当前依旧未建立出相对科学、相对完整的技击结构技术体系。

一、对抗状态的划分

在比赛场上，对抗主要反映为自由状态、调节状态和交手状态，这三种状态下的动作特点如下。

（一）自由状态

对抗双方都身处安全距离（也称无效距离）或在比赛中裁判员喊“停”至“开始”之间的休息时间段里。在这个无效距离内，任何一方的单个动作都不可能做出对对手有直接威胁的进攻；规则规定裁判未喊“开始”的这个时间段内，不允许任何一方有进攻动作。表现在此状态下，对抗双方的动作均为“自由”的，均可没有任何技术方面的规范，所以该阶段没必要反映技法的攻防功能。

（二）调节状态

在比赛中裁判员喊“开始”后的时间里，双方开始全面进入对抗状态。当顺利做完自由状态的调整工作之后，为真正实施自身设想的技法，要循序渐进地调整技法方面的详细要求。调整状态中除心理方面接受对抗压力之外，动作方面同样表现出目标鲜明的自我调节，就是把运用技法所需的距离、角度、动作姿态以及动作感觉调整为最佳状态，并由此捕捉对方显现出来并能够加以利用的战机。当时机出现时马上完成第一环节的切入，表现在同步捕捉做出进攻或防范动作，第一环节开始的瞬间意味着调节状态结束。

（三）交手状态

双方完成实质性对抗的时间段，就是交手状态。交手状态的具体反映是比赛对抗中第一环节开始至裁判员喊“停”之间的时间段，这个时间段不仅是实施技术和战术的时间段，还能有效检验前面设想的合理性、实施顺畅与否、表现能力的实际情况、实际素质和技术需求以及战术需求的差距，这属于整体实力的全方位较量。

对抗时三种状态一般都按照自由状态、调节状态与交手状态的先后顺序进行。但有时双方对抗的激烈程度加大、节奏加快，在对抗中的自由状态明显会减少甚至被忽略。

二、三种对抗状态的特点

在对上述三个环节以及不同环节间的深入剖析与重新认识后，我们对散打技击法的内在规律有了深入认识，能够掌握不同环节的特性，由此让自身更加自觉地遵守与运用各项规律，并且不被这些规律束缚。三种对抗状态的特点如下。

(一)没有威胁的自由状态

对抗双方都身处安全距离(也称无效距离),在这个距离对抗双方中,任何一方使用单个动作都不可能直接做出对对手有威胁的进攻。由于对抗双方都处在相对的安全之中,所以在这个距离的对抗双方都能够积极主动地、不受威胁地调节自己的身体状态,比如按自己的方式调节动作、体能或心态。当然对抗双方在此时最需要做的还是总结上一回合交手时的机体感受、技法使用以及得与失,同时又会根据以往的经验与理论的推理对下一回合交手进行相应的感觉或思考,更需要仔细察觉对手的动作与心态表现,并做到明察秋毫。通过这些机体的感性体会与理性的思考后自己可逐步明确即将交手的突破口,并针对已确定的突破口进行这个回合交手前有针对性的战术设计。

当具备详细的战术设计后,就需要运用适宜的技法在突破口寻求实施,这个时间段能够围绕刚刚设计的手段展开战术方面的实施性调节。由开始的自由状态逐步过渡到调节状态,能够相对顺畅地进入双方互相对峙的局面。当身体的状态调整到足以应付这一次交手的感觉时,只要对抗双方中的任何一方调节状态完成即可随时进入交手状态,对峙的任何一方先发动进攻就意味着双方的调节状态已经结束,即使另一方仍然处在实际中的动作调整状态,但对抗的总进程已经处在交手状态。

(二)对峙的调节状态

完成自由状态的调整后,要想实施自身设想的战术,需要逐步调整实施战术方面的技法要求。该项调整不仅反映在时空方面有形的技法要求,也反映在承受心理方面无形的博弈压力。这个时间段必须彻底战胜自身的胆怯心理,尽全力把注意力都投入到对抗过程中。技击者需要将自身带入不存在得失和胜负的境界中,原因在于运用技击必须将自身机体当成技法的具体表现物,如此方可充分调动自己使用技法需要的所有。在“忘我”境界的基础上，就能够很好地去捕捉对手表现出来且能够为我所用的时机，这种时机可以是直接的，也可以是潜在的，对手可能采取什么技、战术，对手具备了对我有威慑的能力主要表现在哪些方面，同时对手的弱点又“隐藏”在何处。当这些情况自己都了如指掌时，下面需要的就是根据对动作的调整、对势态的感觉和切入的欲望去把握时机，让对峙时的无形优势化作自己切入时的强势表现。

在有效“诱导”各项因素的情况下，尽可能改善自身的技击水平，从而更加深入地挖掘自身在技击方面的潜能，以此为基础条件就可以比较顺畅地理清自身的技击思维网络，如此方可明了自身应当运用的战术、完成特定战术需要运用哪些技术动作来支撑、需要怎样有效把握这个时间段内的实施时机与挖掘动作的动力。此间，时机在出现的瞬间只要被对峙的任何一方抓住，对峙的调节状态就自然结束。为把握这瞬间的时机，对峙双方采用切入的形式，当切入动作开始启动时交手也就开始了。

（三）攻防得失的交手状态

交手状态是指比赛双方展开实质性对抗的时间，这个时间段是整体实力的多方位较量。从整体来说，交手状态是一个相当庞杂的体系，从对抗中依据时间顺序的势态来分析其特征，其势态特征大体反映在以下几个方面。

(1)由无效距离至有效距离双方机体开始接触。

(2)机体接触后必然会展开全面博弈，这属于对抗的综合实力的详细反映，该阶段的势态变化存在自身的变化规律。

(3)经过双方博弈之后，双方一定会有不同的感受，同时会按照势态情况出现更贴合实际的要求，这时双方会对势态产生不同的态度，双方在势态变化方面会发挥出不同程度的影响。

三、三个环节的理论分析

通过对抗中交手状态特点的进一步归类分析，找出其中各环节中动作运行的规律，我们又把交手势态的特点按照时间顺序划分出相应的三个环节。因此，我们就可以把双方交手时的技击结构看成是由三个环节共同组成。

(一)三环结构分析

技击结构的三个环节，简称三环论。三个环节就是上面阐述的每次完整的对抗过程，即将势态特征根据时间分类之后，人为地把全过程划分成三个环节或三个小部分。通过分析对抗的结构来更加清晰地观察与分析对抗中的技术运行规律。

对技击规律有了根本性的了解，就能够更加直观、系统地深入到技击对抗的结构内部去分析、去把握对抗势态变化的原因，了解这些，对我们今后的学习、训练与技法运用都会起到巨大的促进作用。

通过三环论的学习，将会对技击认识的提高有着巨大的现实意义。

包括散打技击在内的所有事物都有存在形式。不管是哪种对抗，对抗双方都以通过制服对手和保护自己来实现技击目标。对抗双方都会努力抓住掌握当下势态的主动权，结合势态需要来运用自身可以使用的动作(技法)来拼打，由此控制好对抗势态的主动权，在相互争夺的博弈过程中构成双方的多次交手。在多次接触中，双方的目标都是实现需要的技击效果运用不同的技术和战术，在对抗过程中双方会自觉或不自觉地重复对抗中的有关环节。

就三环论来说，就是将技击对抗的时间当成主轴，人为地将每次完整的对抗接触划分成三个环节，各个环节共同组成了每次对抗的整个过程，环环相扣，由此成为有机的对抗总体。

通过三环论可以促使我们清晰掌握技击技法的运行，由此可以在技击活动中更加主动地遵守散打技击的内在规律，同时以技击规律为依据对我们的技击实践活动发挥指导性作用。

(二)基本概念

为深度剖析技击对抗中技法的运行特点,需要掌握下列和技击相关的基本概念。

距离:攻防双方所在位置之间的间距。

角度:进攻方向与进攻目标形成的一条直线,和击点与进攻目标形成的另一条直线形成的夹角。

距离:分为有效距离与无效距离。

有效距离:是指对抗过程中能够运用单个动作直接产生技击效果的距离。有效距离又可分为远距离、中距离、近距离。

远距离:对峙过程中,双方通过快速移动出击动作,并能够击中目标的间隔距离。

中距离:对抗中对抗双方不用移动脚步就具备击中对手的间隔距离。

近距离:指在对抗中,双方能够使用贴身靠、摔、打与擒拿技术的距离。

无效距离:对峙时不能直接应用动作进攻到对手的距离。

距离感:指对抗中,技击者对所用动作所需最佳距离的感觉与判断。

角度感:指在对抗中对使用动作产生最佳击打角度的感知。

角度差:指攻防动作偏离目标的差数或同样的彼此角度所产生的不同感受。

时间差:指攻防双方完成相关攻防动作所用的时间差数。

距离差:指对峙时,双方在相同距离的前提下彼此产生不同的距离感觉。

(三)调节

对峙双方调整自身需要的距离和角度的位置,就是调节。

在对抗中,不管是哪种动作想要获得充分发挥,均要尽可能满足动作需要的时空条件。由于动作的技击价值是相对于特定时空来说的，所以对抗过程中要想运用某项技战术不得不在时空方面加以调节，倘若调节至动作需要的时空，则动作的功能也会随之发挥出来。以上就是双方交手前存在一个调节过程的具体原因，该过程中还是对抗中对峙双方在调节状态中最关键的任务。

在特定技击环节中运用技法时，要想让全部动作都能在运行过程取得理想效果，一定要达到所用动作提出的时空要求。在相互控制及反控制的博弈中，双方都会有这种心态，即尽可能保证自身处在“顺”的势态中进行对抗，却希望对手处在“背”的势态中与自己交手。为了达成这个目的，就需要在对抗中不断地为动作具备更好的使用氛围进行调节，以达到势态对己有利的效果，有利于动作在环节中发挥出更大的作用，这些都依赖技击者的调节能力。

对抗的环节是在“调节—交手—再调节—再交手……”中不断地循环往复的过程进行着，直至达到技击目的或比赛结束才终止。

调节是环节内对抗的重要组成，具体有以下三种形式。

(1)己方调节：自己主动调整距离与角度以获得自己所需要的位置。

(2)彼方调节：对手主动调整他自己所需要的距离与角度时，同时也出现了己方需要的位置。

(3)双方调节：双方共同调整距离与角度，以争取只达到自己所需位置的调节。

四、三个环节的攻防特点

攻防中的每个环节都各有特点，下面就各个环节的运行方式与技法要求进行分析。

(一)第一环节

第一环节的重要目的是切入，如此才能让对抗双方由无效距离逐步过渡到有效距离构成对抗，同时向之后的环节创造出所需的氛围，调整距离和调整角度两种方式都可以使用，在技击思维网的控制下采取适宜的技法，努力实现破除对方防守、平衡或直接得点的目标，努力占据主动并尽可能保护自身，为之后的环节打下坚实基础。

第一环节要求技击者做到：步子移动（调整）到位、反应速度快、动作启动快、目标明确、判断准确、动作迅速协调、技击思维清晰。第一环节的切入形式有主动切入、自然切入及被动切入。

（二）第二环节

第二环节的重要目的是对攻，同时在对攻过程中分析双方控制势态能力的具体情况，是经过第一环节的接触进入第二环节的全方位较量过程。因此，技击双方都需要有全方位的攻防技巧，动作表现应当具备一定的杀伤力、抗击打能力以及体力。就第二环节来说，不仅是整个过程的攻坚阶段，还是整体实力的全方位较量。第二环节的对攻形式有主攻、主防、攻防兼备。

（三）第三环节

第三环节的重要目的是结束对抗，从而再次调整，由此进入下次对抗。第三环节的要求是技击者要具备较强的时空感、步法移动能力、平衡能力。第三环节的结束形式包括自然终止、接触终止、闪躲终止。

（四）赛场情况

赛场的状况往往瞬息万变，对于双方的所有接触来说，尽管都存在自身的技击思维中选用的技法与战术不可能彻底一致，但对抗中的三个环节同样不可能每次都完整出现。当一方擅长摔，只要摔成功，就是第三环节动作，即结束对抗，因为《规则》规定在此状态下裁判员必须喊“停”。

对抗时三种状态一般都按照自由状态、调节状态与交手状态的顺序进行着。但有时双方对抗的激烈程度加大、节奏加快，在对抗中的自由状态明显会减少甚至会被忽略，随着激烈程度的进一步加大，调整状态也会受到影响。例如：比赛中一方为了追分，或因战术需要，加大技击效果，就会迫使双方在高密度、高强度中进行对抗，此时的对抗就会导致调节状态的时间明显减少。

对于交手状态来说，三个环节之间的状态发展往往把时间当成主轴，对抗的全过程由三个环节协同完成，但对抗的三个环节反映出来的状况是不同的，环节中经常出现前面环节替代后面环节的情况，同样组成一次完整的对抗形式。

第二节　散打技法原理与要求

一、散打的技法原理

武术散打的技法简称“技法”，具体是指动作的技术方法。就武术散打的技法原理来说，不但是技术形成、技术分析、技术研究、技术运用的理论依据，而且是判断技术合理性与有效性的重要标准。因为历史因素的作用，我国很长时间内都未能开展对抗形式的运动项目，武术往往是借助套路的形式反映出来。尽管武术的发展历程源远流长并累积了很多人体格斗的技法，但武术套路“说招”和“练招”已经对武术产生了根深蒂固的影响。与此同时，武术技法已经朝着技击含义、技击艺术以及技击功力的方向异化，而人们面对这些已经异化的武术技法的态度是觉得其技击作用已经达到“登峰造极”的程度。

武术散打首先要解决的问题是在庞大的武术套路技击方法中，判断哪些动作是具有技击含义的方法？哪些动作是能够直接用于人体徒手格斗的方法？这些必须通过人体对抗实践的检验来鉴别。其次要解决的问题是必须通过正确的理论认识，来更正人们对传统武术技击方法存在的一些误解，只有符合技法原理，经过实践检验的动作，才能够被纳入武术散打的技术体系中。武术散打的技法原理涉及四个方面的内容。

（一）技术符合运动生物力学原理

多年以来，武术散打运动开展的主要精力放在比赛形式、竞赛规则、裁判方法的研究上，武术散打技术还处在随意发展阶段。即使相同技法动作的技术规格，如果拳种不同则其具体要求也会随之改变，部分经常运用的动作，从外部表现来分析存在的不同微乎其微，但对技术结构、技术环节、技术细节的理解存在着很多不同。任何一个技法动作最合理的基本技术只有一种，在众说纷纭之中，对动作合理性、有效性的正确判断，首先要看是否符合运动生物力学的原理。

运动生物力学原理在武术散打技术中主要表现在力量、力点、合力、顺力、作用力、反作用力、支点、力矩等方面。但对于武术散打来说，要想顺利击中并摔倒对方，必须从多方位考虑并分析不同的力学要素。

通过人体运动生物学的原理，就踹腿动作展开简明的技术分析。踹腿合理技术规范的要点是：尚未出腿时，大腿与小腿应当努力回收折叠，向大腿推动小腿发力提供便利，力点应当在脚弓上，这样有助于朝击打目标直线运行；同时支撑腿与躯干应当处在一条直线上。这种姿势其力量、力点、合力、顺力、力矩、作用力和承受反作用力的能力，以及攻击不同距离目标的动作自我调节能力均处于最佳状态。

（二）技术符合时间、空间原理

不管是武术散打中的拳打腿踢，还是武术散打中的击摔交加，判断胜负的重要标准是明显击中与摔倒对方的具体得分。如果想要在彼此攻防的激烈搏斗中快速击中对方和摔倒对方，技术一定要和时间、空间原理相符合。时间、空间原理是指动作的速度、速率、路线、轨迹、幅度、角度、方向、位置等。武术套路中有很多动作技击方法的传统解说不符合真打实摔所需要的时间、空间原理。但是，这样并不意味着要全面否定武术套路拥有的技击精华，取其精华并非是完全照搬武术套路动作的形式、内容以及方式。武术散打就是不同武术流派套路技击动作的全面使用，应当选择武术套路中存在实战功能并和运动要素原理相适宜的适用部分。

（三）技术符合相生相克原理

武术散打中的任何技法都不是万能的，既然能够用于主动进攻，又能够被对方防守或反击，双方运动员都可以主动进攻，也可以防守反击。武术散打技法既然是相生相克的，反映到动作的技术上，同一动作姿势状态的技术要求，既要有利于进攻，又要有利于防守和反击。例如，预备法是发出全部动作的起点，姿势状态合理程度不仅要顾及有助于发出进攻动作，也要顾及发出防守动作或反击动作，预备法的技术一定要处在最适宜的机动状态。

例如，冲拳时上体前倾，单纯地从进攻角度来看，可以加大力矩和力量，符合人体运动生物力学原理和运动要素原理，但进攻动作发出以后，如果没有击中对方，对方肯定会防守或反击，这样进攻动作从被反击的角度来看，冲拳时上体超过了身体重心的垂直线，对方闪躲后使用摔法“顺手牵羊”就比较省力。由此可知，严禁单方面考虑采用哪种方式来进攻对方，还要将被对方反击考虑在内。冲拳姿势状态一定要满足稳固身体重心的基础条件，实现方式包括依靠身体总体合力以及上体的顺肩。

在对动作与技术训练展开分析的过程中，教练员与运动员常常会更加重视如何完成动作才会对攻击对方产生积极作用，但常常会忽视对方能够防守与反击所有动作。因此，教练员与运动员在分析动作与展开技术训练的过程中，必须始终遵循攻防兼顾的原则。

（四）技术符合竞赛规则原理

对于武术散打的竞赛规则来说，不仅是指导技术发展的准绳，还是规范竞赛行为的准绳，也是判断运动员输赢的准绳。对于武术散打的技法而言，不仅要符合以上三项原理，还要充分符合竞赛规则的原理，其决定性原因是武术散打的体育竞赛性质。技术符合竞赛规则原理通常反映在以下几个方面。

从禁击部位来讲，后脑、颈部、裆部是禁止攻击的部位。武术中的有些技法可以根据竞赛规则的要求加以改变，例如，武术弹腿主要是用来攻击对方裆部的技法，由于裆部是禁击部位，武术散打中的弹腿变成了“鞭腿”。武术散打竞赛规则的原理不但改变了弹腿的基本技术，而且弥补了武术少有侧面腿法攻击对方的缺陷。

立足于使用手段来分析，武术散打竞赛规则中明确指出，严禁使用头部、肘部、膝部以及反关节的动作。不管以上手段的使用价值是否理想，均需要严格遵循竞赛规则的相关规定，但以上技法在比赛中坚决不可以使用。武术散打技法的合理程度与有效程度提出的一项基础性要求是必须遵循武术散打竞赛规则。

立足于攻击部位的角度来分析，很长时间以来武术技法都高度重视击打要害，攻击背部、臀部、下肢的方法却比较有限。但是武术散打竞赛规则规定，除上肢部位以及禁击部位之外，任何非要害部位都属于可攻击部位。所以在运用武术散打技术的过程中，应当以竞赛规则的要求作为依据，创造出一些崭新的用法，进而有效扩大武术散打技法的内容。

综上所述，运动生物力学原理、时间、空间原理、相生相克原理和竞赛规则原理，是共同支撑武术散打技术合理性和有效性的理论基础。武术散打任何动作技术规范的形成，对运动员掌握动作情况的技术分析，对各种招法使用的技术研究，都必须遵循武术散打技法的原理。运动员的动作符合原理综合性要求的姿势状态，就是武术散打动作基本技术合理性、有效性的具体体现。

二、散打的技术要求

(一)动作速度快

动作由起点开始启动，空中运行至击中目标，尽可能用最短时间完成的技术要求，即动作速度快。要想保障动作速度快，运动员必须在动作速度、反应速度以及位移速度三方面达到相应的要求。

拳谚说："拳如流星，腿似射箭。""快打慢"是武术散打技法运用的一个基本规律。动作只有快速地出击，快速地运行，快速地抵达进攻的部位，才能达到"先发先至"或"后发先至"的效果。反应速度快是指从观察、注意、思维、记忆到发出动作的时间短，必须依靠动作条件反射能力来实现。位移速度快是指运动员的身体姿势状态，尽快移动到发出技法所需要的方向、距离、角度，为主动进攻或防守反击提供条件。

(二)动作力量大

就技法产生作用力强度的技术要求来说，动作力量大是其中一项。

动作力量大是对技法产生作用力强度的技术要求。不管是"灵打巧取"，还是"以巧制力"，都是我国武术散打运动的重要灵魂。如果不能立足于多个方面来追求功力，则难以掌握和武术散打相关的各种技法。在对武术散打的技法加以运用的过程中，动作作用力同样要达到击中的标准。巧与力各有各的作用，它们是统一的。武术散打动作需要力量，在技术上要求其根在脚，转换于髋腰，达于拳脚，充分发挥自身的整体合力。在力的表现形式上，要求爆发力和合力，不要倔力和僵力。

(三)动作力点长

就拳法动作与腿法动作具备伸展性的技术要求，即动作力点长。动作力点长反映了人体运动的生物力学特点，某个进攻型动作在重心与支点处于稳固状态的基础条件下，以各种动作的需求作为依据，拳法参与活动的肩关节、腿法参与活动的髋关节以及其他的各个关节尽量伸展，向前协调运动。这样既可以扩大自己火力点的射程范围，增加对方发出反击动作的难度，还可以加大肌肉的工作距离从而增加动作力量，达到“一寸长，一寸强”的效果。在技术训练过程中，不管是做空击练习，还是做击打沙包、手靶、脚靶练习，动作都要求放长击远，形成良好的动力定型。

（四）动作用力准

运动员完成动作的过程中，参与工作的肌肉收缩一定要达到协调准确的技术要求，即动作用力准。不管是武术散打中的哪类动作，均是把骨骼当成杠杆，将肌肉当成动力来完成的，力量源自于肌肉质量以及工作形式。当动作不同时，则肌肉群参与做功同样不同，以肌肉做功的性质为划分依据能够分成主动肌、协同肌以及被动肌，需要用力和不需要用力的肌肉准确承担自身职责，就能够达到协调而准确的要求。为了恢复和积蓄肌肉的能量，运动员在没有发出招法时，一定要保持肌肉的适度放松，便于血液流通和循环。无论在任何情况下，都不要过度紧张，因为这样容易引起肌肉僵硬，使肌肉的收缩力下降。

（五）动作重心稳

在完成动作的过程中，运动员身体姿势状态维持稳定性的技术要求，就是动作重心稳。在对抗比赛中，要想维持身体稳定，一定要将以下几方面的影响因素考虑在内。

（1）作用力和反作用力，动作发出的作用力越大，反作用力越大，身体的重心如果不稳定，就不利于控制反作用力。

（2）动作击中对方后会遇到阻力，从而会破坏自己的身体平衡。因此，必须迅速调节姿势状态和稳固重心，为发起下一个进攻或防守动作做准备。

(3)武术散打技术有动作“力点长”“力量重”的技术要求,但必须在保持身体重心稳固的前提下进行,尽量避免身体重心偏移垂直轴的现象,以免给对方造成“顺手牵羊”的机会。

(六)动作无预兆

在尚未发出技法动作前,不存在附加动作等预兆及迹象,当达到隐蔽性和突发性的技术要求时,就是动作无预兆。有预兆的关键性问题是违反了“动无形”的原则,过早暴露了自身动作的攻击目的,由此会致使对方进行反击。比较常见的错误是运动员发出技法动作前有附加动作。具体表现为拳未动、腿未动、身体先动;出拳时拳先回收;出腿时脚尖先动;发招以前龇牙咧嘴、怒目瞪眉;等等。运动员的任何预动都可以为对方提供信息,一定要尽量克服有预兆的错误习惯。

(七)动作转换活

动作转换活是指运动员完成动作时,动作与动作之间能够快速灵活变化的技术要求。实现动作的灵活转换,一定要使自己的身体姿势保持高度的机动状态。下颌微收,头正颈直,不偏不倚,这样可以保持清醒的头脑,便于动作的操作思维。身体重心处于两腿中间,便于转换动作。脚跟微微提起,以保持弹性,四肢肌肉适度放松,不要僵滞,便于快速启动。动作不但包含单个动作的技术要求,而且包含运动员动作操作的思路应当涉及面广,严禁将注意力仅仅局限在单方面的攻击目标与几个动作,尽可能在运用动作的空间上与运用技法的容量上有所变化,充分彰显运动员运用技法的多样性与灵活性。

(八)动作技法巧

在运用技法的过程中,不仅要尽可能得分,还要出现效果巧妙的技术要求,即动作技法巧。对于武术散打中的单个技法动作来说,与技术原理相吻合的所有技动作本身并不存在巧妙和不巧妙的区分，但因为武术散打运动存在运用技法的完整性与灵活多变的随机性的技术特征，同时技法间存在相生相克的原理与功能，所以向技法相生相克地巧妙运用提供了多元化的技术内容以及广泛空间。技法的巧妙反映在运用过程中，技法之间应当扬长避短，互相使用的技法没有相生相克的对应关系，出现以力打力，以力破力的现象谓之拙。

第三节　散打技法的模式及风格

技法是散打的主体。技法，顾名思义就是散打技术动作的运行方法，它既是散打对抗经验总结的物化形式，又是操作技巧的运用过程。不同的技法在实战对抗中所产生的作用，一定不会是相同的，之所以不相同，与技法的模式和风格有着直接的关系。

当全面掌握散打技法并形成适合自己的技法使用模式后，方可逐步形成和自身情况向吻合的技法风格，这样才能充分反映技击的精髓，才能有效发挥技法的各项价值。不管是散打的哪种技法，宗旨都是取得胜利或预防失败，围绕该目标的技术动作根据特定关系共同构建出了技法模式，同时还产生区别于他人的风格。

一、建立围绕核心动作而展开的攻防技术体系

（一）核心动作

核心动作是用于控制各种势态的动作。属于支撑战术的根基性的技术动作。对抗中，为了能够很好地把握对抗势态的发展，必须选择那些可导致该势态发生变化的相关技术动作，以这些技术动作为基础性的根基动作，就是核心动作。

技击者不同，则对各种势态的认识也存在差异，每个人都有

自身的核心动作,同时每个人驾驭势态的水平也存在差异性,因而人们驾驭各环节不同势态的水平是不尽相同的,驾驭各种势态的技术动作要求同样存在差异,由此就出现了对抗的多样性。

(二)辅助动作

通常情况下,配合核心动作完成战术实现技击目标的动作即是辅助动作。对抗中势态的变化处在动态的无规律中,有效掌握的难度比较大,倘若只依靠核心动作单枪匹马地完成,要想奏效的难度同样很大,因而必须配合相应的辅助动作,向核心动作提供有积极影响的施展技击的氛围,保证核心动作能够产生最理想的动作效果。

(三)核心动作与辅助动作的关系

对于对抗过程而言,核心动作和辅助动作是一体的,只是两者在技法中体现的价值不同,但最终目标是统一的。例如,后手冲拳接前脚鞭腿的二动组合,后手冲拳就可以作为辅助动作,为前鞭腿服务,去营造一个好的氛围,使作为核心动作的前鞭腿产生最佳的动作效果。

核心动作与辅助动作之间是能够互换的。结合战术实施需求,战术对动作功能的需求存在多元化特征,由于动作能够变换身份来为战术服务,所以不存在固定不变的核心动作及辅助动作。例如,前鞭腿接后手冲拳的二动组合,前鞭腿就可以作为辅助动作,为核心动作的后手冲拳服务,围绕着核心动作去营造一个好的氛围,使作为核心动作的后手冲拳产生最佳的动作效果。

在实施过程中,核心动作和辅助动作的君臣关系是固定不变的。换句话说,不管何时辅助动作都会紧紧围绕核心动作展开,辅助动作的主要作用就是保证核心动作具备良好的环节和氛围来展现自身。在实际操作中,要想有效改善配合与衔接核心动作与辅助动作的技巧,一定要强化自身在核心动作和辅助动作方面的动作意识,如此才能让表现出的动作发挥出更好的技击功能。

(四)确定几个能够引导势态发展的核心动作形成自己的技法框架

在不同环节中,结合自身实际情况和特征确定支撑局面的核心动作。例如,在第一环节的切入动作中,针对特定进攻动作的防守反击;在第二环节针对特定动作的拼打动作,对于特定势态的控制水平;在第三环节,特定状态下的脱离动作,对特定状态的能力产生引导作用。这三个环节的动作严格遵循环节特征要求来把关,对于所有动作的各方面要求,不仅要保障理论的规范性,也要针对动作提出数字方面的量化要求。

把核心动作有机地衔接起来,使这些核心动作的功能能够相通,且动作之间的功能前后连贯协调一致,力争对抗的势态发展都是由自己的核心动作为骨架引导进行的,各核心动作间的运行衔接自然稳固而又灵活,能够做到在各种势态下运用自如。

(五)用核心动作为主要技术去实施战术

组成核心技术的动作是技击阈值较低的动作。如果把基础战术比成是框架结构房屋的具体的房梁,房屋的框架就是技击思维网络,那么房梁里的钢筋就是核心技术动作,对抗中的核心动作就是那些自己最习惯、效果最好、成功率最高、威慑力最强的基本动作,它就如同是一支箭上的箭头,能够带领箭杆与箭尾射向目标。

核心技术动作是有辐射的动作。独木难成林,单个动作的能力再强都是有限的,单靠某个动作独自作战很难成气候。要有一个好的技击效果,必须有围绕着核心动作的一系列辅助动作存在,辅助动作能够很好地为核心动作创造条件,让核心动作发挥出最佳的技击效果,因此,核心动作必须具有相应的辐射作用,这样才能使动作的主辅融为一体。就如同一支箭,箭杆能够把力量传递到箭头上,箭尾则能够很好地维持箭在空中运行的平衡,它们共同配合射向目标,技击动作的主辅也是这样相得益彰地配合为的是能够获得最佳的技击效果。

核心动作不仅表达战术的难度小,而且由此构成的战术质量比较高。即使战术的作用再显著,依然需要落实到具体实战中方可展现其作用,实战中的战术表现一定要落实在动作上。倘若动作的技击阈值过高,则实战过程中就难以使用出来,则实施战术的难度将会增加,所以战术实施一定要运用和战术相符的核心动作才能更轻松地表现出来,由此充分发挥战术的作用。

不同的战术具有不同的战术特点,所以需要实施战术的核心技术动作自然也就不同。客观上要求核心技击动作不能够太单调,一方面容易被对手察觉可能使用的动作,这样对战术实施是不利的;另一方面组成战术的核心动作功能再强也是有限的,不可能放之四海皆准,这样就容易影响战术自身的质量,质量不高的战术实施效果自然不会理想。

二、优秀选手的技法模式

这里指的标准的最佳模式,往往针对先天条件良好的选手形成的技击对抗模式,或者右脚高水平的技法模式。

优秀选手技法模式属于相对理想的技击模式,其仅仅是一个标准,但并非对所有选手都适用,练习技击对抗的人需要多方位借鉴,并非完全照搬,原因在于所有练习技击对抗的人本身就是和其他人不同的单独个体。个体反映出的优点和缺点不可能和其他个体完全相同,因而所有个体都存在特殊性。

(一)选手技法模式的风格与特点

选手技法模式的风格与特点应当反映于顺、广、精、耐、强、硬六个方面。

(1)顺:技击思维网络表现出组成合理且功能完善,支撑网络的核心动作以及配套动作都显得主次分明,网络内的技术动作体现的战术也显得有章有节条理清晰,网络内的所有动作与功能都能够在网络的统一掌控下做到纲举目张。

(2)广:技术全方位反映于基础的核心动作,在所有环节不再是单方面的孤军奋战,相反是彰显出全方位发展的特征,核心动作的配套动作在对抗中运用表现得十分广泛,动作间配合能够达到扬长避短,反映出多点开花的局面。

(3)精:特长突出表现在技术动作的风格较稳固,特长动作的功力较深厚且思维清晰在运行上能体现出变幻莫测的特点,面对对手有意识的防守与阻碍都能自然化解并能够设法展现出应有的技击功能。

(4)耐:在对抗过程中,体能突出反映于可以相对合理地安排自身体能,在对抗过程中可以做到有的放矢,可以在对抗过程中发挥出最高体能水平,特别是在表现功力的时间段内表现突出。

(5)强:心理过硬的反映是任何环境中都会自己满怀信心,对自身的行为有清晰定位,这样再强悍的对手都无法对战术实施过程产生阻碍作用,同时对抗过程中可以不受外界影响,将所有势态都把握好。

(6)硬:作风顽强表现在敢于打艰苦之战,尤其是需要拼打时会在最佳的时机毫不犹豫地表现出来,动作的表现显得老辣而又干脆,毫无拖泥带水的现象优秀选手的技法模式显然已经把模式的功能最大化了,能够展现出高水平模式最大化的功能当然是一件令人喜悦的事情,然而,人与人之间一定有很多不同,一个人能达到并非所有人都能达到。最重要的是,清楚自身具备哪些能力、具备哪些条件、通过哪些努力可以实现到哪种程度。一名选手要想摆正自身位置,必须对自身有透彻了解。在技术方面,不可以被各种形式限制,应当构建出自身的技击思维网络、形成自身的技术框架。众多实践表明,一切都要从实际出发,什么时候都不可以和实际情况脱离。高水平的技法模式尽可以用来参照,实践运作不可以在脱离自身条件的情况下构建技法模式,否则将难以发挥作用。

(二)高水平技法模式在具体训练与竞赛中的六字要求

具体来说,就是突出快、全、连、变、准、控。

(1)快:尽快适应环境、尽快进入状态、进攻节奏快、反击动作快、步伐移动快、攻防转换快。

(2)全:不仅要运用远距离、中距离以及近距离等多种打法,还要掌握进攻、防守、拼打、反击以及摆脱的技巧。

(3)连:一要有六场连续比赛的能力,二要有赛场上连续进攻和拼打的能力,三要有连续反复进攻的能力,四要有组合动作连续转换的能力。

(4)变:结合场上变化随机应变、结合对手的具体打法随机应变、结合对手的实际距离随机应变、结合不同类型选手随机应变。

(5)准:预判准确、击打目标准确(单拳)、反复进攻动作准确(动作组合)、在移动或不稳定状态下击打准确。

(6)控:在比赛过程中,运动员要具备合理调控距离、时间差、技术、战术、体能、节奏、心理的能力。

(三)促使优秀技法模式成形的外围因素

(1)教练:在训练过程中,教练员对训练量、强度、间歇的控制,对比赛的指挥,对赛后的调整等。

(2)医务:防伤防病、治伤治病。

(3)科研:对各项指标的控制、训练和竞技状态的保障和测试方法、手段。

(4)领导:把握与宏观调控项目的整个发展进程。

第四节　散打对抗中的控制与反控制

一、控制与反控制的概述

从形式上展开分析,技击类项目的对抗都是在比拼对抗双方技法的基础上来争夺控制权与反控制权,在控制与反控制的过程中实现技击者要想达到的技击目标。控制与反控制往往反映于时间、空间、技能、体能、智能、心理与机体的承受力等方面，在对抗过程中双方通过控制与反控制的强与弱来反映技击时的势态。

分析技击类项目竞技能力的构成要素可知，主要包括体能、技术、战术、心理、智力五种要素，不同要素之间相互作用，同时都在技击思维网络管理的整个系统中，竞技能力就是五种因素在对抗中的整体反映。其中如何达到“技击目的”是五个因素围绕的核心，任何素质都围绕核心体现自己的价值，为了能够发挥素质的最大功能，相互配套的诸因素有机结合共同完成对抗。技击者之间的技击水平不同，说明他们这五方面因素的基础有差异，把这些基础因素转化成对抗时技击效果的能力各有不同，于是就有了各素质的贡献值不同，直接导致他们的技击水平在实战中表现出较大差异。结合实战过程中具体对抗势态的差异性，五种素质在对抗中的主辅地位的实际关系是不断变化的，当占据主导位置的因素出现变化后，一定会使对抗势态出现实质性的变化。

如果对抗中营造与把握势态的战术针对性强、灵活性高，那就能够很好地显示出控制赛场的主动权和比赛节奏等功能，还能够最大限度地控制或反控制对方特长技能的发挥，从而更好地发挥自己技法上的特点和优势。也可根据控制与反控制的手段去影响对抗势态变化，当势态发生变化时可做出相应的战术调整，体现出技击思维网络指导下战术的价值。

二、控制与反控制的技术要求

要想在实战中具备较强的威慑力，必须有机结合技能、战术、智能、体能、心理等方面的因素。怎样发挥出更大威慑力、怎样将威慑力有效转变成技击成果，这必将成为散打理论的未来发展走向，同时将会向散打项目提供更大的发展空间。

在对抗过程中，要想达到控制与反控制在技术方面的要求，必须依靠运动所有的具体动作方可完成。在技击思维网络的统一指挥下，围绕具体战术的所有动作都需要达到快、活、稳、准、全、狠、巧、绝、隐等技术方面的要求。这些方面的要求在结合具体动作运行或技法实施过程的解释是：动作运行以快为中心、动作变化以活求发展、动作发力以准为目标、技法实施以全为框架、技法往来以狠去夺势、技法变化以巧来体现、动作效果以绝为高度、思维网络以稳为保证、技击思想以隐为前提，保证动作在各方面的要求都能够凝聚在一起，统一运行在如何提高“威慑力”的基础上，并综合形成以“快”为中心的动作表现特点，通过诠释技击动作最大价值去获得最佳的技击效果。

三、散打技击动作制胜规律

技击动作制胜规律可以总结为：简洁、实用、敏快、精细、全面加特长。

毋庸置疑，所有技击类项目的制胜规律均会受该项目规则的限制以及外界条件的作用，另外运动形式和运动能力等内部因素也会产生限制。在对抗过程中，要想全面掌握控制权与反控制权，一定要深入认识本项目的规则以及各项技击特征，从而使它们达到内外统一，这样才能协同发挥已经产生的最大能效，坚决反对出现任何内外冲突，不然技击思维网络将难以达到完整、统一、简洁、流畅的要求。倘若选用存在矛盾的技击思维来指导技击实践，则将会大大增加展现自身技击水平的难度。

在对抗时，不同势态中均可形成正确时机感是任何技击类项目共同追求的，同时是判定技击者水平的一项关键性标准。它不但是技击思维网络反映价值的重中之重，而且可以有效测试控制与反控制的实际水平。不管采用哪种手段，判断与把握时间都是十分关键的部分，总体表现为时空控翻能力越强时机把握就越好，制胜能力也就相对越强；如何让杀伤力体现出价值是技击类项目的技法运行的核心，而抗击打能力则是选手发挥技法与保证技击思维网络流畅的前提。在武术技击的技法表现中，总体为腿（踢）、拳

(打)、摔、拿“四击”之间相生相克,如拳克摔、摔克腿、腿克拳、拿克缠抱(拿在缠打中控制与反控制的作用尤其突出)。当然,在条件允许的情况下拳克腿、拳克拿、拳克拳也都是很正常的现象。

要想在技击类项目中赢得胜利,控制与反控制是一定要高度重视的内容。要想顺利完成技击对抗,基础条件是构建一套完整且自成体系的技击思维网络,网络必须统筹兼顾到技击对抗的所有要素,保证自身的体能、技术、战术、心理、智力均可发挥出最佳状态,从而顺利掌握对抗中的控制权。因而,达到技击目标的方式和途径就应运而生,技击目标也能够充分发挥其价值。

截至当前,和武术散打制胜规律相关的研究成果还比较少,已经存在的只是关于传统武术技击制胜规律在特定环节的个别研究,但对当前武术散打项目具体技法的实践指导依然处于空洞状态。指导散打实践活动必须要有更加具体、更加有针对性的理论,这样产生技击效果的理论才能更好地指导实践活动。当前,开展武术散打项目的框架建立在传统武术的基础上,同时借鉴了很多外来搏击技法而逐步性形成的,对抗表现形式是在借鉴和改进西方技击类项目模式的基础上形成的,同时将散打规定为在一对一、分级别、有相对完善的规则和裁判等条件环境中开展的一项体育比赛,将传统武术中的比武作为比较对象,则散打对抗中的比武目的、比武条件、比武性质、比武方式、比武规范性等方面都与其存在很多不同点。很明显,这些方面的差异表现在二者背后更深层次文化的差异,在对制胜规律的理解与要求上具有较大不同。所以,我们既不能将传统武术中的技击理论和方法生搬硬套地放到当下正在开展的散打理论与实践中去,更不能用西方搏击类运动的相关理论和方法直接替代我们散打的理论和方法。我们要抱着扬弃的态度去萃取传统武术,并抱着借鉴态度去学习西方搏击类运动,从中摄取许多我们所需的实战经验、技击思想和理论精华。

第五节　散打技法的合理运用

一、散打技法运用的规律

(一)初级阶段以拼为主

自 1982 年第一次举行全国武术散打邀请赛开始，到 1989 年武术散打被正式列为全国锦标赛为止，在这 7 年的全国武术散打试验性比赛中，运动员使用技法的表现形式上主要是以盲目乱拼为主。在那个时期，武术散打运动还处在试验阶段，广大群众对使用武术技法展开人体格斗仅仅停留在感性认识的层面，全体参赛队员都只是业余爱好者，不仅没有接受系统性训练，也没有较强的技能与身体素质，运动员赢得比赛主要凭借勇气、体力以及感觉，只有一小部分运动员表现出较高的技术水平。但从总体来分析，运动员使用技法的多数状态都是盲目乱拼，这种状态只是看似异常精彩。

(二)中级阶段反击为主

经过几年的胡打乱拼之后，运动员看出这种做法的弊端和劣势，开始尝试使用防守反击的打法。因为运动员运用技法主动进攻的水平与身体素质比较有限，所以难免出现很多破绽并十分明显，为防守反击运动员带来了很多有利条件，在对方主动进攻未能出现理想效果的情况下，只要防守反击的运动员守株待兔、思路清晰就可以顺利反击。

因此，当大家认识了这个问题以后，都开始采用防守反击的打法。双方运动员都防守反击，你不进攻，我也不进攻，加上场上裁判员对于运动员消极的处罚不严格，因此导致了武术散打比赛不激烈、不精彩。这种现象在 1987 年哈尔滨举行的全国武术散打比赛中反映得最为突出，可以作为从初级阶段开始向中级阶段迈进的标志。

尽管运动员运用武术散打技法是将防守反击作为常用手段，同时使得比赛的激烈程度和精彩程度难以保障，但站在运动技法的发展规律来分析，表明运动员正在从盲目乱拼的感性阶段逐步过渡到有效使用技法的理性阶段。通常情况下，新运动员和不存在比赛经验的运动员出现随意运用技法的情况比较常见；性格内向、沉稳、经验丰富、体能差的运动员喜欢打防守反击；兴奋性的运动员、身体素质好的运动员、技术水平明显高于对手的运动员、比分落后的运动员喜欢主动进攻。从整体的情况来判断，技术发展中级阶段的运动员使用技法是以防守反击为主。

（三）高级阶段进攻为主

从 1989 年武术散打被列为正式全国锦标赛开始，到 2008 年第 11 届全运会为止，运动员使用技法以防守反击为主的表现形式，经过了近 20 年训练竞赛实践的锻炼，已经开始逐步向以主动进攻为主的方向发展。运动员使用技法的表现形式从防守反击为主转向以主动进攻为主，不是运动员想做到就能够做得到的事情，必须具备主动进攻必须击中、摔倒对方所需要的各种条件。这些条件包括起点动作、距离判断、避实就虚、迷惑调动、内敛心理、强悍体能、技法合理、部位准确八个方面的要素。运动员各项竞技能力要想达到只主动进攻就可击中、摔倒对方，必须坚持不懈地培养与训练自身的智能、技能、体能、心能。如果运动员某个方面的要素不符合主动进攻的要求，则主动进攻不仅难以取得成功，而且可能会被对方反击。

主动进攻是武术散打技法运用的最高表现形式，是运动员技术水平高级阶段的主要标志，也是比赛能够取得胜利的重要保证。主动进攻和防守反击是互为条件的，主动进攻没有成功才给对方提供防守反击的条件，如果主动进攻击中、摔倒了对方，在这一回合中，对方就没有防守反击的机会。倘若运动员每次主动进攻均可击中并摔倒对方,则赢得比赛胜利的难度将会大大降低。尽管运动员使用技法依旧存在盲目乱拼的问题,但就表现形式来说依旧是主动进攻。主动进攻与盲目乱拼的本质区别是:运动员已经拥有只要发出技法即可击中、摔倒对方的竞技水平。进行主动进攻是理性发挥支配作用;盲目乱拼是不顾及主观情况和客观情况,盲目随意地发出技法动作,动作发出后可能会恰好击中、摔倒对方,也可能被对方防守反击。

高水平的运动员以主动进攻为主,所指的是使用技法表现形式的一种主流趋势,并不否认高水平的运动员根据比赛对手的实际情况,可以采用防守反击的打法和防守反击的战术。主动进攻能够取得胜利,防守反击也能够取得胜利,是针对不同技术特点和不同技术水平的运动员交手而言的。除此之外,高水平运动员并不可以绝对保证每次主动进攻均可获得成功,如果不成功则会让对方有机可乘。如果双方都是高水平运动员,运动员技术水平越高,则主动进攻的难度系数越高。高水平运动员往往对主动进攻技法有很强的敏感性,对方运动员一旦有动静必然会做出反应。换句话说,高水平运动员之间的较量就是主动进攻能力的较量。

二、散打技法运用的对策

(一)内动打抢攻

内动是指运动员的内心活动,抢攻是指先主动进攻对方。内动打抢攻就是指对方运动员还没有发出动作之前,主动地采用技法抢先进攻对方。“抢”字除了具有“先”的意思之外,还具有动作“快”的含义。武术散打比赛,场上裁判员每次发出“开始”口令之后,双方运动员有一个短暂的互相对峙的过程,需要注意、观察、思维,寻找对方的破绽,判断对方的意图,考虑自己的行动方案,等等。

运动员互相对峙时,身体不动是相对的,动是绝对的,动主要是内心的活动。在这样的情况下,运动员最佳的行动方案就是不要受对方的影响和牵制,互相之间不要消极等待,针对对方运动员预备姿势的薄弱环节,针对对方运动员进行注意、观察、思维的转移,需要一个时间过程所产生的空当,快速灵活地选择相应的技法动作和攻击部位,毫不犹豫地抢在对方发出动作之前进行主动进攻。

一般来说,进攻、防守、反击是武术散打技法的三种表现形式,三者发挥着不同的功能,不但是比赛的客观需要,而且是比赛中客观存在。运动员内动打抢攻,并非是盲目乱攻,而是发出动作后一定要击中对方,同时阻止对方达到防守目的或反击目的。实现这个目标需要运动员智能、技能、体能、心能等多方面的协调配合,所以需要对比较分散的有关因素展开优化整合,从而形成有针对性的进攻法来支撑。

从使用技法的表现形式上来看,进攻、防守、反击相互之间也是相生相克的,有进攻就有防守,有防守就有反击,它们相互衍生、相互配套,并没有优劣之分。但是,从使用技法的本质上来看,防守和反击都是针对进攻动作而言的,如果主动进攻能够直接击中、摔倒对方,不给对方防守、反击的机会,在这一回合中就不存在防守或反击,主动进攻是衍生防守和反击的前提条件。

在比赛过程中,运动员很难保证每次进攻均可击中、摔倒对方,不向对方带来任何防守机会或反击机会,但站在影响比赛输赢的因素与提高技能水平训练的角度来判定,内动打抢攻的成功率越高,则对方得以防守或反击的机会就越小,赢得比赛胜利的机会就越多,体现运动员技能水平越高。由此可知,通过武术散打来提升运动员内动打抢攻的能力是一条难以行走而必须行走的捷径。

从运动员掌握进攻、防守和反击的难易程度上来看,掌握主动进攻最难,防守反击次之,单纯防守最容易,因为主动进攻对于运动员的智能、技能、体能、心能的综合要求都很高。按照“以难带易”的训练原则，武术散打训练应该把“内动打抢攻”放在最突出的位置，以培养运动员“内动打抢攻”的能力为主线，促进智能、技能、体能、心能的全面发展。熟练地掌握了主动进攻的方法，掌握防守和反击的方法就是顺手拈来、迎刃而解的事情。

（二）小动打迎击

运动员预备姿势出现变化后，发出进攻动作或反击动作之前，为进攻或反击创造条件的部分过渡性动作，就是小动。当运动员对峙伺机进攻时，为了寻找和制造战机，必然会出现步法移动，或者通过肢体来做一些分散和转移对方注意力、尝试改变对方预备姿势的状态，从而调动对方发出进攻动作，最终目标是向进攻或反击创造条件。因此类肢体结构变化幅度比较小，所以被人们称之为“小动”。

在比赛过程中，运动员的注意力往往会高度集中，通常对方动作“诱导信号”会对运动员产生重要影响，如果一方运动员出现动作，那另一方运动员则会观察对方的意图。这个时段，只判定对方意图而没有思考自身应当如何做，运动员这些表现是人体第一信号系统的条件反射导致的。从本质来说，运动员“小动”的姿势状态同样是比较好的进攻机会，小动打迎击就是针对该状况提出的行动对策。

小动动作幅度小，但肯定也有起点、运行、结束三个部分，在动作的起点和结束这个时间段内，运动员不可能发出任何进攻和反击动作，因此针对性地选择动作迎着对方的小动作进攻容易成功。问题的关键是小动作从出现到结束停留的时间非常短，运动员的反应慢一点机会就会转瞬即逝。运动员要想抓住这些时机。一定要严格要求运动员的反应速度、动作速度以及动作的条件反射能力，只有达到自动化程度才能在比赛过程中充分发挥出来。

小动打迎击，是指对方运动员的小动作出现时，不要受对方小动作的影响和牵制，即刻选择针对性较强的相应动作进攻。迎击的核心表现在“迎”字上，“迎”的意思是彼动己也动，彼动时迎着对方的动发出招法。“迎”字强调的是在对方小动作的起点到结束这个阶段内，进攻动作一定要抵达对方被攻击的部位，因为对方的小动作一旦结束就能发出防守或反击动作，只有抢在对方小动作结束之前迎击，才能够击中对方而又不被对方反击。

运动员的水平越高，则动作越精细，出现容易察觉的动作破绽越少，所以带给对方进攻得分的机会越少。然而，高水平运动员不可能不在比赛过程中出现步法移动，或者转移对方、调动对方的部分动作姿势状态，小动是运动员一定要进行的活动规律。倘若运动员必须出现此类情况，则需要将小动当成主动进攻的时机，拓展进攻时机的范围是提高运动员技能纵深发展的一个关键方面。

（三）大动打反击

大动打反击是指对方发出具有攻击作用的技法动作以后，针对各种拳法和腿法进行反击。由于拳法和腿法这一类动作肢体结构的变化幅度大，身体各部位结构位置变化的反差大，发出动作后的运行路线长，回收的时间也长，因此称其为“大动”。任何事物都是有利有弊的，表面上看大动是攻击性动作，但是由于攻击性动作运行轨迹长，空间持续的时间长，暴露了容易被对方反击的弱点。大动是主动进攻争取得分必须采用的手段，如果不能击中对方就会留给对方反击的机会，利、弊、得、失共同存在于进攻和反击之中。

通常来说，运动员主动进攻的水平与能力越低，或者对方运动员水平越高，则成功运用拳法与腿法主动进攻的概率越低。如果运动员主动进攻动作没有成功，则必然会降低对方反击的难度。因此，比赛场上能够看到运动员三种表现：第一，运动员盲目地乱打乱拼，这往往反映于初级运动员身上；第二，运动员都消极等待，盼望对方出现有漏洞的主动进攻动作，随后展开反击，这往往反映于中级运动员身上；第三，先出手时可以击中对方，后出手时可以反击对方，采用技法出现落空的可能性比较小，这往往反映于高级运动员身上。

用运动员使用技法的对策来衡量，大动打反击比较容易完成，是初级运动员的表现；小动打迎击次之，是中级运动员的表现；内动打抢攻最难做到，是高级运动员的表现。技法运用从低级到高级的不同表现形式，标志着运动员技能水平的不断飞跃，这种飞跃并不是一件容易做到的事情，需要通过长期、艰苦的训练磨炼才有可能实现。运动员的智能、技能、体能、心能水平，如果达不到主动进攻和防守反击都能成功的要求，就永远不可能进入到高级阶段。

在运动员运用技法时，往往会采用内动打抢攻、小动打迎击、大动打反击这三种对策，同时结合比赛的具体情况来实施。然而，站在使用的先进性与训练难易程度的立场来分析，掌握先进打法的难度往往比较高，同时最先进的内动打抢攻打法往往掌握难度比较高，小动打迎击次之，大动打反击最容易。具体来说，内动打抢攻和小动打迎击都是主动进攻的打法，而大动打反击则是防守反击的打法。运动员要想提升自身的武术散打运动水平，必须在内动打抢攻、小动打迎击两方面找到突破口。

第四章 散打训练理论系统构建与分析

散打运动训练是不以人的主观意识为转移的客观存在，其有自身的基本规律和原理，散打教练员与运动员应对其运动训练规律有深刻认识与理解，严格遵循规律来组织与参与训练活动，并在组织与参与的过程中采取科学的训练方法，做好监控工作，制订不同类型的训练计划，使训练活动有序进行，提高训练效率，从而取得良好的训练效果。本章主要就散打训练的基本原则与方法、训练过程控制及训练计划制订等问题进行分析与研究，为散打训练理论系统的构建与散打训练活动的开展提供科学指导。

第一节 散打训练的基本原则与方法

一、散打训练的基本原则

（一）主观能动性原则

主观能动性原则是指充分发挥教练员和运动员参加训练的自觉性和积极性，保证训练水平快速提高的训练法则。人是运动训练的操纵对象和执行对象，具有主观能动性是人的最大特点，正因如此，训练的质量，训练目的的实现才能够有所保障。

教练员的主观能动性表现在强烈的敬业精神，刻苦的钻研精神，高超的循循善诱能力等方面；运动员的主观能动性主要表现在具有正确的训练动机。训练动机是运动员做出所有训练行为的内部动力,正确的训练动机能够充分发掘运动的内部潜力,使运动员自觉、积极地进行训练。

(二)系统周密性原则

系统周密性原则是指对训练过程的设计、操作及其监控进行条理化,从而快速提高运动员竞技能力的训练法则。系统周密性原则是针对宏观策划训练因素而提出的训练原则。散打训练涉及人体机能作功规律、竞技能力训练规律、运动项目活动规律等,内容丰富,要素繁杂,而且在训练过程中会同时出现由训练产生的正负作用。如果支离破碎地进行散打训练,很难把握训练的进程,运动员而且很难取得最佳的进步。为了便于散打训练的有序进行,需要按照人体机能做功规律、运动项目活动规律、竞技能力训练规律来进行合理、周密、细致的策划,促进系统训练工程的形成。该工程的主要内容包括训练计划的制订、训练周期的划分、训练进度的安排、训练方法的设计、训练操作与控制、训练诊断与修正、训练效果的评定等。

(三)内容优化性原则

内容优化性原则是指在训练课中,按照趋利避害的要求,有机组合与安排各种训练内容、方法,实现利与弊的相互补偿、相互修复,促进运动员竞技能力快速提高的训练法则。

内容优化性训练原则主要是针对训练课提出的训练原则,以便更好地安排训练内容,选用训练方法。散打运动的各种训练因素是相互影响、相互作用的,有的性质相同、相近,产生正面的影响和作用,有的性质不同、相反,产生负面的影响和作用。只要按训练要素进行训练就会存在有利有弊的现象,只不过是利弊的大小或显现的程度不同。

落实内容优化性的训练原则,需要做到以下两点要求。

(1)教练员必须深入认识每一个不同训练内容、方法、手段的利弊所在。

(2)教练员要按照利弊相互补偿、相互修复的要求，合理组织与安排不同的训练内容、方法、手段。

(四)个体区别性原则

个体区别性原则是指针对不同运动员的不同竞技能力“对症下药”，安排不同的训练内容，采取不同的训练方法和手段，提出不同的训练要求，以快速提高不同运动员运动水平的训练法则。不同散打运动员之间存在明显的个体差异，这主要表现在竞技能力要素的发展不平衡，即使是同一运动员，其自身竞技能力要素的发展也是不平衡的。运动员竞技能力的发展是在追求平衡和突破平衡的过程中实现。

散打训练以集体训练为主，分散训练为辅。集体训练是在教练员的统一安排、指挥下进行统一的训练。教练员合理安排训练内容，正确选用训练方法和手段，严格执行训练要求是科学训练的基础。分散训练是运动员自己完成教练员布置的任务，好处在于给运动员提供充分发挥主观能动性的空间。

在散打集体训练和分散训练中，在训练内容、方法、手段相对统一的前提下，如何将区别对待融入其中是一个非常关键的问题。在集体训练时，教练员要针对不同的训练内容和训练对象提出不同的要求。例如，脚靶训练，对于肌肉软弱收缩力差、力量小的运动员，提出用最快的速度、最大的力量完成动作的要求；对于力量大而肌肉僵硬的运动员，提出放松、协调、具有弹性的发出动作的要求。在分散训练时，针对不同对象对不同的训练任务进行布置。

二、散打训练的基本方法

(一)循环训练法

循环训练法是指以训练的具体任务为依据,按预先设计的带有一定顺序的练习点,运用循环练习的方式周而复始循环往复地进行练习的方法。运动员应按要求在各个练习点完成规定练习,每完成一个练习点上的练习后,迅速移到下一个练习点,完成各个练习点上的练习后,就完成了一次循环。运用循环训练法进行散打训练时,各个练习点的训练内容要全面搭配,要选用已经掌握的、简便易行的动作,同时规定练习的次数、规格和要求,让运动员获得全面的训练。

在采用循环训练法进行训练时,要特别注意科学确定训练点的内容和数量、合理安排各训练站的运动负荷。

(二)重复训练法

在相对固定的条件下,不改变动作结构和运动量,重复练习某一动作或某一战术的方法就是重复训练法。具体来说,重复训练法又可以分为两种,一是连续重复训练法,二是间歇重复训练法。

重复训练是散打运动中最常用的一种训练方法,其对于提高身体素质,掌握与提高技术、战术,培养意志品质等具有积极的作用。在训练实践中,训练重复次数的多少不同,对身体的作用也不相同。重复次数越多,身体对运动反应的负荷量就会越大。如果重复次数不断持续增加,就在会使身体承受的负荷达到极点,甚至破坏有机体的正常状态,导致身体受伤害。运用重复训练方法,关键要掌握好负荷的有效价值范围,并据此来调节重复次数。

(三)持续训练法

持续训练法是在一定运动负荷强度和较长负荷时间下,无间断地连续进行练习的训练方法。练习时,平均心率为130～170次/分钟。持续训练法对于发展散打运动员的一般耐力,提高运动员有氧代谢系统供能能力具有重要的作用。

按照持续时间的长短,可以将持续训练法分为以下几种情况。

1.短时间持续训练法

短时间持续训练法一次持续练习的时间相对较短,通常为5～10分钟,负荷强度一般为心率170次/分钟左右,练习动作既可以是固定组合,也可以是变异组合,练习过程不中断。在散打训练中运用短时间持续训练法主要是为了促进运动员以有氧氧化供能为主的无氧、有氧混合供能条件下的技战术和身体素质的发展。

2.中时间持续训练法

中时间持续训练法在散打训练实践中的运用并不太多,通常是作为辅助训练方法出现的,这主要是由散打运动本身的激烈对抗程度的特点所决定的。但在基本训练阶段,这一训练方法常用于改进技术、培养技术动作精细的专门化知觉,而且在战术的串联演练中对这一方法的运用也比较普遍。

3.长时间持续训练法

在散打训练中运用长时间持续训练法,主要是为了发展运动员的有氧氧化供能能力。在散打训练实践中,这种训练方法主要是作为辅助训练方法出现的,主要用来提高运动员的一般耐力水平。如果过多地运用此方法,不仅不利于散打运动员专项成绩的提高,还有可能对运动员主要专项素质的发展造成阻碍。因此,应慎重使用长时间的持续训练方法。

(四)综合训练法

将循环训练法、重复训练法、持续训练法等各种训练法结合起来运用，或者在一组训练中安排各种技术训练、灵敏训练、力量训练等多种内容的训练方法就是综合训练法。综合训练法变化很多，组合多样，具体可以根据运动员的性别、年龄、身体状况、训练水平等因素来适当地调整，以提高训练效果。

第二节　散打训练过程的控制

对散打训练过程的控制主要从以下三个方面展开。

一、散打运动员状态诊断与训练目标的建立

运动员现实状态的诊断，标志着一个完整训练过程的起点，而目标状态则是终点。状态诊断与目标建立，是训练阶段的划分、训练内容的确定、训练方法与手段的选择，以及检查评定等内容的重要依据。

（一）运动员状态诊断

1. 状态诊断的意义

对运动员的训练状态进行诊断具有以下几方面的意义。

首先，针对运动员状态变化的必然性特点，为散打训练过程确立一个准确的出发点。

其次，针对客观条件变化的经常性特点，及时检查与评价散打训练工作效果。

最后，有利于有效协调和控制认识上的局限性。

2. 状态诊断的内容

散打运动员完整的训练状态包括起始状态和目标状态。无论是哪一训练状态，首先要了解运动成绩，通过运动成绩诊断来

分析运动员的竞技能力，然后规划未来运动训练负荷(图 4-1)。

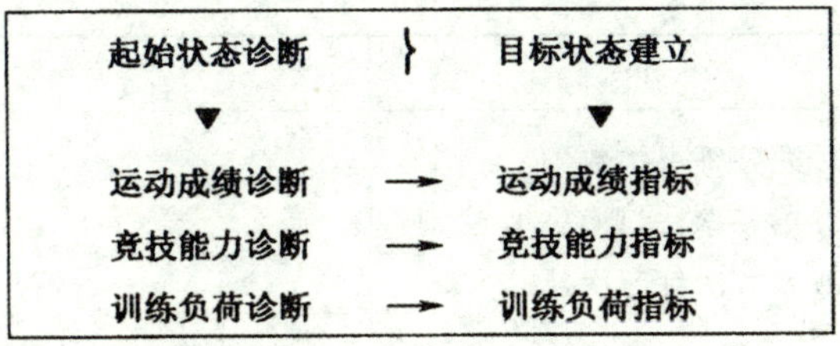

起始状态诊断	}	目标状态建立
▼		▼
运动成绩诊断	→	运动成绩指标
竞技能力诊断	→	竞技能力指标
训练负荷诊断	→	训练负荷指标

图 4-1

(1)运动成绩诊断

可以是诊断散打运动员在比赛中表现出的竞技水平和取得的成绩；可以是简单总结运动员在前一个训练过程的表现；也可以是诊断运动员在新训练阶段的起始状态。

(2)竞技能力诊断

运动员的竞技能力表现在多方面，在诊断中首先要抓住对整体竞技能力起决定性影响的主导因素。在散打运动中，起着决定性作用的因素有体能、技能、战术能力、心理能力、运动智能。通过测定、诊断运动员的这些竞技能力因素，可为运动员竞技能力的总体诊断提供依据(表 4-1)。

表 4-1 散打运动员竞技能力决定因素

决定因素	作用的等级判别
体能	★★★
技能	★★★
战术能力	★★★
心理能力	★★
运动智能	★★

注：★★★表示决定性作用；★★表示重要作用

(3)训练负荷诊断

训练负荷的质和量会影响运动员竞技能力的变化和运动成绩的提高。可用练习次数、时间和负荷重量来表示散打运动训练负荷的量；用练习速度、密度和难度来表示训练负荷的强度(表 4-2)。

表 4-2　散打训练负荷诊断指标

训练负荷	负荷量	负荷强度
练习次数	1. 完整练习次数 2. 单一拳法、腿法、摔法、技战术方法练习次数	
练习时间	1. 单一技术练习时间 2. 技战术组合练习的时间	
负荷重量	1. 上下肢的负荷重量 2. 与大级别运动员对抗	每一次练习的负荷重量
练习速度		拳法、腿法、组合技法的速度与力度
练习密度		1. 场上实战练习与整个练习的比例 2. 实战练习与场间休息的时间比
练习难度		1. 组合拳法与腿法的难度 2. 小级别与大级别的对抗

（二）建立训练目标

1. 建立训练目标的意义

首先，有效激发教练员和运动员的责任感与进取精神。

其次，为制定训练计划提供重要依据。

2. 训练目标构成的基本内容

（1）运动成绩指标

运动成绩指标包括两项内容，一是技能水平指标，二是名次指标。

散打是技能主导类格斗对抗性项目，在制定技能水平指标时，与其他可测试的体能主导类项目有所不同。教练员制定总竞赛方针，应该是期望运动员在比赛中充分发挥自己某一方面的特长。

比赛名次指标涉及多方面因素，如对手竞技水平、比赛条件以及裁判员的倾向性等。这些因素是不可控的，不以个人意志为转移。因此，要慎重制定比赛名次指标。

(2)竞技能力指标

运动员竞技能力的各个构成因素的水平以及组合方式会直接影响运动员的竞技水平。竞技能力指标主要来源于某一决定因素的具体指标、多因素的组合指标、运动员总体能力指标三个方面。

体能、技战术能力、心理能力和运动智能是决定散打运动员竞技能力的主要因素。测试体能指标主要是测试各项身体素质，如力量、速度、耐力、灵敏和柔韧等；测试技战术能力指标主要是测试技术质量、容量和运用效果；测试心理能力可采用多种心理测试方法；测试运动智能一般要在特定专项情境中进行。散打运动对运动员的智能要求较高，要在中等以上，这样运动员才能更好地理解教练员的意图，快速灵活地做出正确的反应。

(3)训练负荷指标

教练员和运动员能否实现所建立的运动成绩指标和竞技能力指标，主要受训练负荷指标的影响。训练负荷指标是实现运动成绩指标的基本保证。合理安排训练负荷中的负荷量有利于散打运动员更好地学习与巩固技术动作，而负荷强度对运动员专项竞技能力水平所能达到的高度具有决定性的影响。

在运动负荷诸多因素中，训练强度最为重要，其次是训练次数、训练时间、训练总量。教练员要从实际出发，寻求一种最佳的组合方式，从而更好地为散打训练效果的提高而服务。

二、散打运动训练的监测与信息反馈

散打运动训练是一种社会化的活动，受多方面因素的影响。人们对散打训练规律的认识还有很大的局限性，训练过程会出现偏差，运动员的竞技能力处于不断的变化中等等。尽管人们对训练过程进行了周密的计划，但在不同时间、场合还必须对训练过程进行监测与信息反馈。只有不断地检测、纠偏和调整，才能最终实现散打训练的目标。

（一）散打训练过程的监测

1. 散打训练过程监测的类型和任务

（1）监测的类型

以散打运动训练时间的跨度大小为依据，可将散打训练过程的监测分成以下三种类型。

阶段监测：一般在准备期和比赛期，或者每个大周期前结束进行一次。

短期监测：它对中小周期的训练过程进行观察，对调节运动员的身体机能和控制过度疲劳起着重要的作用。

临场监测：主要是对训练课的监测，目的是使训练课的内容及负荷更加科学化，有效提高训练效果。另外，也包括对比赛的现场检测，从而对运动员进行针对性指导。

（2）监测的任务

散打训练过程监测的任务见表 4-3。

表 4-3　散打训练过程监测的任务

监测类型	监测任务
阶段监测	1. 测定运动员的身体机能和运动素质 2. 分析和评价运动员阶段训练水平 3. 分析本阶段训练的薄弱环节及问题 4. 为下一个训练期训练计划的制定提供依据
短期监测	1. 测定各练习负荷对运动员身体机能及运动能力的影响 2. 评价运动员机体对不同训练内容的负荷反应 3. 保证运动员的机体处于良好训练状态，防止出现过度疲劳的现象
临场监测	1. 监测训练课，评定训练课安排的内容及负荷是否科学 2. 对比赛进行现场检测

2. 散打训练过程监测的内容

散打训练过程监测的内容见表 4-4。

表 4-4　散打训练过程监测的内容

监测内容	具体测评内容
身体训练程度	1. 机能状态：如心率、最大吸氧量、血乳酸等 2. 运动素质：如力量、速度和耐力等
技战术能力	1. 散打技能形成过程 2. 散打运动员技战术训练
运动负荷	1. 训练负荷 2. 比赛负荷

(二)散打训练过程的信息反馈

1. 散打训练中信息反馈的媒介

语言、动作和表情等都是传递信息的主要媒介，在散打训练中运用这些媒介可有效进行信息反馈。

2. 散打训练中信息反馈的方式

(1)散打运动训练中，教练员通过讲解、动作示范、指导和评价等方式向运动员传递信息。然后，教练员再通过对运动员掌握动作的情况进行观察来获得反馈信息。

(2)在散打运动训练中，运动员凭自身的本体感觉、视觉和听觉了解自己，加强自我评定，随时调整自己的动作，改变训练方法，从而获得更大的进步。

散打运动训练中信息与反馈的传递方式可以是同步传递，也可以是滞后传递。前者是指在练习的同时，边讲、边练、边指导，后者是指在练习后进行讲解与指导。在散打训练中，教练员应以运动员的年龄、性别和训练水平为依据，采取不同的媒介与方式传递信息。另外，教练员还可以借助一些辅助仪器和设备对运动员训练效果的其他指标进行检测与评定。

在散打训练中，教练员只有从多学科入手，运用各种不同的信息来指导训练，运用准确、有效的反馈信息对训练进行监控，才能提高训练水平，取得理想的训练效果。

三、散打运动训练效果的评定

（一）评定目的与任务

评定散打运动训练效果是有效控制运动训练过程的重要环节，也是监测的必要手段。提高散打运动员的专项竞技能力是散打运动训练的主要目的，因此，训练效果好坏的唯一评定标准是运动员竞技能力是否提高。散打运动员的竞技能力由体能、技能、战术能力、心理能力和运动智能等因素构成。评定散打训练效果，就是在经过一段时间的训练后，对上述各项竞技能力因素进行考评，以此评定训练效果，发现训练中的不足与问题，从而为训练过程监测提供有效的反馈信息，帮助教练员和运动员调整训练计划。

（二）评定指标

对散打训练效果进行评定时，所选用的指标要能够反映出运动员的各项竞技能力。常用的评定指标有以下两种：

1. 生物学指标

生理、生化和医学等方面的指标都是生物学指标，通过这些指标，可以对散打运动员的身体机能、运动负荷、运动疲劳与恢复等进行综合评价。

运用生物学指标对运动员的训练效果进行评定时，主要评定内容如下。

(1)评定散打运动员的代谢能力

①磷酸盐代谢能力

根据磷酸盐系统的供能特点,可采用10秒以内的最大运动负荷进行测试,如先测得运动员安静时的血乳酸值,在进行10～15秒极限强度的击打沙包练习后,对运动后血乳酸值进行测定,求出运动中血乳酸的增加值,从而进行评定。如果血乳酸值增加较低,则表明磷酸盐供能能力较强。为提高测评的准确性,测试时应保证运动员做极限强度的运动。

②糖酵解代谢能力

根据糖酵解供能系统的特点,可采用60秒最大负荷测试法,如采用8米往返跑抱沙人练习或60秒最大强度击打沙包练习,对运动员运动前安静时血乳酸值和运动后血乳酸峰值进行测定。如果运动后血乳酸浓度为14～18毫摩尔/升,说明其糖酵解供能能力好。若在9～10毫摩尔/升以下,说明其糖酵解供能能力差。测试时也需要运动员做最大负荷的运动,保证测试效果的可靠性。

③有氧代谢能力

通常采用最大摄氧量测试法或乳酸阈测试法来评定运动员有氧代谢能力。在训练实践中,可通过12分钟跑的成绩来大致推测运动员最大摄氧量水平(表4-5)。

表4-5　12分钟跑成绩与最大摄氧量对应表

12分钟跑成绩(米)	最大摄氧量(毫升/千克·分钟)
2 000	35.3
2 100	37.4
2 200	39.5
2 300	41.6
2 400	43.8
2 500	45.9

续表

12 分钟跑成绩(米)	最大摄氧量(毫升/千克·分钟)
2 600	48.0
2 700	50.1
2 800	52.3
2 900	54.4
3 000	56.5
3 100	58.5
3 200	60.8
3 300	62.9
3 400	65
3 500	67.1

(2)评定散打运动员的训练负荷强度和量度

散打运动训练就是要通过训练负荷(负荷强度、负荷量)的刺激来提高运动员竞技能力的过程。因此,科学合理地安排负荷强度和量度对训练效果的提高至关重要,在安排时,既要达到一定的刺激深度,又要避免超过运动员机体的最大承受范围,以免引起损伤。通过测试与分析多项生化指标,可以对运动员负荷强度和量度的变化做出客观的评价(表 4-6)。

表 4-6　散打训练负荷强度和量度的生化评定

指标	正常值	评定负荷强度	评定负荷量
血乳酸	<2 毫摩尔/升	运动后血乳酸值升高幅度大,表示运动强度大;训练适应后升高幅度减小乳酸阈值:4 毫摩尔/升主要无氧代谢区:>12 毫摩尔/升	

续表

指标	正常值	评定负荷强度	评定负荷量
血尿素	1.8～8.9 毫摩尔/升		1. 运动后血尿素增值大，表示负荷量大或机能下降；训练适应后增值小 2. 一般认为运动后不超过 8.4 毫摩尔/升为宜
尿蛋白	随意尿＜10 毫克每百克血液 全日尿＜150 毫克/日	运动后 15 分钟取尿测定，尿蛋白排出量越多表示运动强度越大或机能差。应注意个体差异，进行系统观察	负荷量大时，排出量增多，适应后排出量减少
血清肌酸激酶	男：10 ～ 100 国际单位/升 女：10 ～ 60 国际单位/升	血清肌酸激酶活性越高，表示运动强度越大；适应后升高幅度减少 疲劳时：＞200 国际单位/升	
尿胆原	1 毫克每百克血液以下		负荷量大或机能下降时，排出量增加

(3)评定散打运动员身体机能恢复情况

随着散打运动的不断发展，训练负荷越来越大，训练频次越来越高，因此训练后的恢复也就越来越难了。如果运动员机体得不到良好恢复，就不会获得好的训练效果，还有可能导致机体损伤。因此，及时评定运动员训练后机体的恢复程度非常必要。在身体机能恢复评定中，常用的生化指标见表 4-7。

表 4-7　散打运动员身体机能恢复评定的生化指标

指标	身体机能恢复的评定
血乳酸	运动后血乳酸消除快，恢复时间短，表示有氧代谢能力强

续表

指标	身体机能恢复的评定
血尿素	运动次日晨或训练周晨达 4.7 毫摩尔/升以下，表明身体机能恢复
尿蛋白	运动后 4 小时或次日晨尿蛋白消失，表明身体机能恢复
尿胆原	运动次日晨值大于正常安静范围(3～5 安氏单位)，表明身体机能未恢复

2. 训练学指标

在散打训练实践中，训练学指标通常用来对运动员的身体素质和技战术水平的训练效果进行检查与评价。

运动员在力量、速度、耐力、柔韧、灵敏等方面常运用的考察指标就是反映运动员身体素质的指标。需要注意的是，教练员和运动员应在训练实践中探索、寻找能够真实反映散打运动员专项素质的指标，以便更有针对性地进行评价与监测。

通常采用专家会诊的方法来评定运动员的技战术训练效果。对于技术训练效果的考评，主要从运动员所掌握技术的质量和容量两方面来考察。对战术训练效果进行考评时，主要考察运动员在散打实战中运用战术的有效性。

第三节　散打训练计划的制订

在散打训练系统中，散打训练计划的制订与实施非常重要的环节(图 4-2)，这一环节贯穿于全部散打训练实践活动中，在训练过程中发挥着举足轻重的作用。

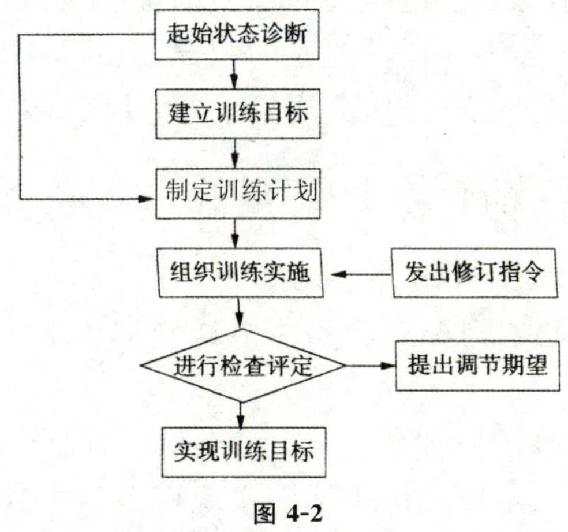

图 4-2

一、散打多年训练计划

多年训练计划是教练员对散打运动员从开始训练到成为优秀运动员的整个训练过程做出的科学的长期的训练规划，以便有目的、有组织、有序地促进运动员竞技能力的提高，使其达到运动成绩的最高峰，并保持到退役。

（一）多年训练计划的类型

以散打的成才规律及训练计划制订的时间跨度为依据，可将散打的多年训练计划分为以下两种类型。

1. 全过程多年训练计划

全过程多年训练计划指的是对散打运动员从开始参加训练到进入竞技高峰，最后停止训练的整个过程所做的训练规划与安排。全过程多年训练包括三个阶段，即基础训练阶段（1～2 年）、技战术训练阶段（2～3 年）、达到竞技高峰期。

2. 区间性多年训练计划

区间性多年训练计划是以某一特定训练任务为依据制定的

两年以上的训练计划。这类训练计划的训练年限是固定的，但运动员的训练水平会出现比较明显的差异，对不同运动员的训练内容、方法与负荷进行安排时，应周密细致，并区别对待。

（二）多年训练计划的基本内容

多年训练计划的基本内容有以下几点：

（1）运动员起始情况及今后可能达到训练水平及专项方向的预测。

（2）多年训练的阶段划分；训练年限、不同阶段训练任务、主要训练内容比重、主要训练指标和实现训练目标的途径和措施的安排。

（3）各训练内容的基本任务与要求的提出。

（4）多年中参加主要比赛的安排与训练过程中运动成绩的发展规划。

（5）测定和评定多年训练水平的内容指标。

（6）身体机能恢复的措施与安排。

（7）全面检查计划执行情况。

（8）考核的措施与安排。

（三）多年训练计划的制订与安排

从散打运动的训练规律出发，可将散打全过程多年训练划分为 4 个阶段，即基础训练、技战术训练、竞技高峰期和竞技保持阶段。对各训练阶段的安排见表 4-8。

表 4-8　散打多年训练计划的安排

训练阶段划分	训练任务	训练内容	负荷特点
基础训练阶段	全面提高运动员的身体素质，打好基础	1.武术基本功训练（腰功、腿功、臂功和桩功等） 2.基本运动素质训练 3.基本技术动作训练（拳法、腿法、步法和摔法）	中、小训练负荷；缓慢提高负荷，严格控制负荷强度

续表

训练阶段划分	训练任务	训练内容	负荷特点
专项提高训练阶段	全面提高运动员的竞技能力和散打实战能力	1.发展专项运动素质(速度、力量、耐力)和抗击打能力 2.掌握散打攻守技术及战术 3.掌握技战术理论知识 4.培养散打心理素质	逐渐增加专项负荷水平;同步增加负荷量和强度;训练后期明显增加大负荷训练课次;采用渐进和波浪形的方式调整负荷节奏
竞技高峰期	提高运动员的竞技状态,使其具备实战能力,创造优异成绩	1.巩固专项运动素质 2.全面掌握攻防组合技术 3.培养战术意识,提高战术质量 4.提高临场比赛及应变能力 5.提高比赛心理素质 6.学习有关训练和比赛的理论知识	训练量、强度、总负荷达到最高水平,负荷强度达到比赛性质的极限强度或超过比赛强度
竞技保持阶段	保持机体各器官系统的机能水平,提高竞赛心理的稳定性,延长运动寿命	以巩固与强化体能训练、心理训练、技战术训练为主	视运动员具体情况而定

(四)多年训练计划的基本格式

散打多年训练计划的格式主要有图表式和文字式两种。全过程多年训练计划一般用图表式表述(表 4-9)。

表 4-9　多年训练计划格式表

<table>
<tr><td colspan="3" rowspan="2">阶段</td><td rowspan="2">启蒙训练阶段</td><td colspan="2">基础训练阶段</td><td colspan="3">专项训练阶段</td></tr>
<tr><td>一般基础阶段</td><td>专项基础阶段</td><td>专项提高阶段</td><td>专项最高竞技阶段</td><td>竞技保持阶段</td></tr>
<tr><td colspan="3">年龄(年限)</td><td></td><td></td><td></td><td></td><td></td><td></td></tr>
<tr><td colspan="3">时间(年)</td><td></td><td></td><td></td><td></td><td></td><td></td></tr>
<tr><td colspan="3">主要任务</td><td></td><td></td><td></td><td></td><td></td><td></td></tr>
<tr><td rowspan="11">训练负荷安排</td><td colspan="2">年训练日</td><td></td><td></td><td></td><td></td><td></td><td></td></tr>
<tr><td colspan="2">年训练课次</td><td></td><td></td><td></td><td></td><td></td><td></td></tr>
<tr><td colspan="2">年训练时数</td><td></td><td></td><td></td><td></td><td></td><td></td></tr>
<tr><td colspan="2">周训练课次</td><td></td><td></td><td></td><td></td><td></td><td></td></tr>
<tr><td colspan="2">日训练课次</td><td></td><td></td><td></td><td></td><td></td><td></td></tr>
<tr><td colspan="2">年负荷节奏</td><td></td><td></td><td></td><td></td><td></td><td></td></tr>
<tr><td colspan="2">专项最高训练强度</td><td></td><td></td><td></td><td></td><td></td><td></td></tr>
<tr><td rowspan="4">主要指标训练总量</td><td></td><td></td><td></td><td></td><td></td><td></td><td></td></tr>
<tr><td></td><td></td><td></td><td></td><td></td><td></td><td></td></tr>
<tr><td></td><td></td><td></td><td></td><td></td><td></td><td></td></tr>
<tr><td></td><td></td><td></td><td></td><td></td><td></td><td></td></tr>
<tr><td rowspan="2">一般与专项训练内容比重</td><td colspan="2">一般</td><td></td><td></td><td></td><td></td><td></td><td></td></tr>
<tr><td colspan="2">专项</td><td></td><td></td><td></td><td></td><td></td><td></td></tr>
<tr><td rowspan="2">专项比赛安排</td><td colspan="2">比赛次数</td><td></td><td></td><td></td><td></td><td></td><td></td></tr>
<tr><td colspan="2">最高成绩</td><td></td><td></td><td></td><td></td><td></td><td></td></tr>
<tr><td colspan="3">恢复措施</td><td></td><td></td><td></td><td></td><td></td><td></td></tr>
</table>

二、散打年度训练计划

年度训练计划又被称为“全年训练计划”，是以多年训练计划安排和上一年度训练工作的总结为依据而对全队下一年度的训练过程所做的规划。

(一)年度训练计划的阶段划分

散打全年训练计划可分为准备期、竞赛期和休整期三个时期。

1.准备期

准备期的任务主要是通过一般与专门训练,使运动员初步形成竞技状态,为比赛期出成绩打下良好的基础。

2.竞赛期

竞赛期是比赛性的训练期,本阶段的主要任务是使运动员在比赛中形成和巩固最佳竞技状态,参加重大比赛,并达到全年中的最高运动成绩。

3.休整期

休整期也被称为“过渡期”,本阶段的主要任务是消除疲劳,积蓄力量,为进入下一个周期的训练创造良好的身体条件。

(二)年度训练计划的基本内容

年度训练计划的内容包括以下几方面:

(1)训练计划的名称。

(2)年度训练的目标和任务。

(3)运动员现实状态分析。

(4)全年训练周期或阶段的划分。

(5)年度训练的主要内容。

(6)运动负荷及其变化节奏。

(7)检查性检测内容和标准。

(8)基本措施与要求。

（三）全年训练计划的制订程序

1.获取运动员现实信息

对上一年散打训练计划的完成情况进行总结，分析运动员身体素质、机体机能、技术战术、思想等现实状态，找出问题，获取运动员信息，及时分析诊断信息。

2.确定本年度训练目标与任务

结合客观训练条件对本年度的训练目标和任务进行确定。要求训练目标切实可行，训练任务明确、具体、与运动员实际情况相符，运动员经过努力可达到和完成。

3.划分训练周期和训练阶段

基础阶段的散打训练可以现行学制为依据来对训练周期进行划分，以适应中、小学学习和假期制度的特点。据此，全年训练可划分为两个周期。划分好周期后，根据各周期的任务和运动员的训练水平来选择训练内容和手段。

4.确定各周期运动负荷

安排运动负荷要符合运动员的训练水平。通常，先增加负荷量，提高运动量的同时减小负荷强度，稳定一段时间后，再逐渐提高负荷强度，同时降低负荷量。

5.确定全年训练的监控措施

只有监控好整个年度的训练过程，才能顺利达到年度训练目标。为了掌握运动员的训练效果，在经过一段时间的训练后，必须检查运动员的训练情况，以便及时调整训练计划。

6.初步完成训练计划草案

经过上述步骤，训练计划基本成型，按照计划相关要求对全年训练计划草图和文字说明进行编写，并征求相关意见。

7. 定稿和定图

征求意见后，修改训练计划草案，最后定稿，最终确定全年训练计划。

（四）年度训练计划的基本格式

年度训练计划一般用图表式表达。下面几个日常用表可供散打教练员、运动员参考（表 4-10 至表 4-15）。

表 4-10　年度训练计划的格式表

全队基本情况												
年度任务												
月份	11	12	1	2	3	4	5	6	7	8	9	10
周期												
阶段划分												
训练任务												
训练内容												
训练方法												
内容比例												
负荷节奏												
检查性测验												
基本措施												

表 4-11　散打运动员基本情况表

级别		教练员		制表时间		
运动员姓名	出生日期	民族	代表省市	始训年月	入队年月	运动等级

续表

级别		教练员		制表时间		

表 4-12　上年度比赛成绩及今年参赛指标

上年度比赛成绩				
序号	时间	比赛名称	比赛名次	竞技水平
1				
2				
3				
4				
5				
6				
7				
8				
今年比赛指标				
1				
2				
3				
4				
5				
6				

表 4-13 上年度竞技能力状态诊断及今年竞技能力指标

类别	测试内容及项目		上年度	今年	
			全年最高	～月	～月
身体形态	身高(厘米)				
	体重(千克)				
	体重×1 000/身高(克/厘米)				
身体机能	安静心率(次/分)				
	血色素(常值区间克)				
	最大乳酸值(毫摩尔)				
	个体乳酸阈(毫摩尔)				
运动素质	一般素质				
	专项素质				
技术	合理性				
	稳定性				
战术	自我发挥				
	对抗能力				
心理	参赛情绪	动员能力			
		控制能力			
	竞技意志	自觉性			
		顽强性			

表 4-14　参赛目标的可行性分析

分析项目		分析内容
运动员竞技潜力	体能潜力	
	训练潜力	
主要对手状态分析	上年度状况	
	今年发展预测	
比赛结果预测及必要条件	竞技水平	
	比赛名次	

表 4-15　当前主要问题及拟采取的措施

序号	需解决的主要问题	拟采取的主要措施
1		
2		
3		
4		
5		
6		
7		

三、散打阶段训练计划

阶段训练计划是对年度训练大周期中某一特定训练阶段所做出的规划。散打阶段训练计划一般为 1～3 个月。

(一)阶段训练计划的周期安排

阶段训练计划中的周期一般可分为以下六种类型。

1. 引导性中周期

引导性中周期持续时间一般为2～4周，基本任务是恢复正常训练，使运动员机体和心理进入正常训练状态。在这一阶段，要逐渐提高训练负荷。

2. 基础性中周期

基础性中周期的主要任务是使运动员重要系统的机体能力进一步提高，发展运动员的运动素质，促进其技战术技能的提高。

3. 测验训练性中周期

测验训练性中周期的主要任务是针对比赛活动的特征，集成运动员在前两个中周期中所获得的能力。

4. 赛前中周期

赛前中周期持续时间一般为4～6周，这一阶段的主要任务是解决运动员在比赛中反映出来的问题，提高运动员对技战术的运用能力，使运动员初步形成的竞技状态向最佳状态发展。

5. 比赛中周期

比赛中周期的主要任务是仔细调节运动员的体力、技术、战术和心理，使其以最佳竞技状态参加比赛，并取得优异的比赛成绩。

6. 恢复调整中周期

恢复调整中周期的持续时间由全年训练计划的安排、比赛期的长短及运动员个人特点等因素决定，这一阶段的主要任务是使运动员机体尽快恢复，为进入下一周期的训练做好准备。

(二)阶段训练计划的基本内容

(1)各周期的训练目标和训练任务。

(2)阶段训练的时间安排及总周次。

(3)各种训练内容、方法和手段及训练内容的比重。

(4)阶段训练过程的负荷变化节奏。

(5)监督检查的时间及指标。

(6)恢复措施与医务监督。

(三)阶段训练计划的基本格式

散打阶段训练计划的基本格式见表 4-16。

表 4-16　散打阶段训练计划格式表

<table>
<tr><td>训练目的</td><td colspan="9"></td></tr>
<tr><td rowspan="2">日期 月 周</td><td colspan="4"></td><td colspan="3"></td><td></td><td></td></tr>
<tr><td></td><td></td><td></td><td></td><td></td><td></td><td></td><td></td><td></td></tr>
<tr><td>训练阶段</td><td colspan="3"></td><td colspan="4"></td><td colspan="2"></td></tr>
<tr><td>主要任务</td><td colspan="3"></td><td colspan="4"></td><td colspan="2"></td></tr>
<tr><td>主要训练内容</td><td colspan="3"></td><td colspan="4"></td><td colspan="2"></td></tr>
<tr><td>训练内容比例</td><td colspan="3"></td><td colspan="4"></td><td colspan="2"></td></tr>
<tr><td>主要恢复措施</td><td colspan="9"></td></tr>
<tr><td>检查性测验</td><td colspan="9"></td></tr>
<tr><td>负荷节奏</td><td colspan="9"></td></tr>
</table>

四、散打周训练计划

以一周中的一系列训练课为基本单位安排的训练计划就是所谓的周训练计划,其也被称为“小周期训练计划”。

(一)周训练计划的结构和内容

1. 结构

周训练计划一般以 7 天为基本单位,也就是由 7 个训练日构成。周训练分前半周、后半周两段结构式来进行。具体根据训练内容与任务来进行相应的调整，但一般来说，前半周、后半周的训练任务、内容、方法基本相同，而训练负荷、训练手段稍有区别，负荷安排的节奏性特点比较明显。

2. 内容

周训练计划的基本内容主要包括以下方面：

(1)周训练的总任务与每天、每次课的具体任务与要求。

(2)周训练日数、总课次数；每天的课次数、每次训练课时间。

(3)每日或每次课的主要训练内容。

(4)每日训练负荷及周负荷节奏。

(5)每日恢复措施。

(6)测验及比赛安排。

(二)周训练计划的制定程序

1. 确定训练任务

以阶段训练任务、上周训练计划的完成情况和本周的实际情况为依据来对本周的训练任务和训练目标进行确定。

2. 确定训练次数

对本周训练所采用的训练小周期类型和周训练次数加以确定。

3. 确定主要训练内容

选择训练内容时，要对完成任务和目标的需要、不同训练内容后机体反应及恢复加以考虑，上半周和下半周的训练内容基本相同，在半周的训练中对不同的训练内容作交替安排。

4. 确定运动负荷

一般来说，周训练中的前两天，逐渐加大运动负荷；从上半周训练转换为下半周训练时，安排一次恢复调整课，以便使运动员持续训练的体力得以保持。

（三）周训练计划的基本格式

散打周训练计划的基本格式见表 4-17。

表 4-17　散打周训练计划表

周日 单元	周一	周二	周三	周四	周五	周六
早上						
上午						
下午						
负荷节奏						

五、散打课训练计划

不管是哪种训练计划，最后都必须通过一次次的训练课来落实。课训练计划直接影响运动员竞技能力的提高和预期训练目标的实现。在散打运动训练中，训练课是最基本的组织形式，课训练计划是实施训练课的具体方案。该方案的制定应简明、实用。

（一）训练课计划的结构与基本内容

1. 训练课的结构

一堂散打训练课一般由三个部分组成，分别是准备部分、基本部分和结束部分。

（1）准备部分的主要任务是通过准备活动（一般性准备活动和专门性准备活动）使运动员各器官系统的机能活动逐渐进入工

作状态，为基本部分的训练做好身心和思想准备。时间一般为20～30分钟。运动负荷为最大负荷强度的50%～70%。

(2)基本部分的时间占总时间的60%～90%。在这一阶段对训练内容的安排依次为学习和改进散打技术、提高和完善散打技术、发展散打专项速度和协调素质、发展专项力量素质、发展专项耐力素质。可以穿插战术训练。

(3)结束部分的主要任务是通过整理活动来消除疲劳，促进机体恢复，时间大约在10分钟。

2. 训练课计划的内容

(1)课的任务、课的结构与时间安排。

(2)训练课的组织形式。

(3)训练课的练习内容、手段与要求。

(4)主要训练内容的负荷量与强度。

(5)课后小结等。

(二)训练课计划的制订程序

1. 确定训练课的任务

根据周计划的统一安排和运动员的现实状态来确定训练课的任务，课的任务应具体、明确。

2. 确定课的训练内容

散打课的训练内容主要包括身体素质训练、技术和战术训练等内容。具体依据课的任务和训练进度来选择和确定训练内容。安排训练内容时，要注意各部分内容的顺序，素质训练内容的安排顺序一般为柔韧—速度—力量—耐力，技术训练内容一般按照基本动作—拳法—腿法—摔法的顺序来安排。散打训练中，技战术训练在前，耐力训练在后。

3.确定课的组织形式与练习手段

合理安排散打训练课的组织形式能使运动员在规定时间内最大限度地进行有效训练。例如,在散打力量训练中,常用的组织形式是循环组织形式;在散打技术训练中,适合采用集体练习的组织形式。

在选择练习手段时,准备部分通常进行一般性、辅助性的练习,基本部分主要安排诱导性练习和专项练习。在运动员体力充沛的情况下安排完整技战术练习。

4.确定课的运动负荷

在散打训练课中,要根据具体的训练目的对运动负荷进行严格控制。在散打拳法、腿法、摔法等基本技术练习中,采用中等或中上的负荷量,小或中等的负荷强度;在散打技战术改进和巩固训练中,采用中等负荷量和中上或大的负荷强度;在一般身体素质练习中,采用中上或大的负荷量及小至中等的负荷强度;在专项运动素质训练中采用中等至大的负荷量和中上或大的负荷强度。

(三)训练课教案示例

散打训练课教案示例见表4-18。

表4-18 散打训练课教案示例

课目:散打专项

第_周 第_次课　　教师:_　　　　_年 _月 _日

课的任务	1.通过基本技术练习提高运动员技术的规范性 2.通过缠摔技术练习增强运动员的应变能力 3.通过拳摔实战练习提高运动员的实战能力 4.通过打拳靶练习增强运动员的击打功力 5.通过背肌练习增加运动员的腰背力量

续表

课的部分	时间	课的内容
准备部分	30 分钟	1. 集合(3 分钟):布置训练任务 2. 热身活动(12 分钟):两路纵队慢跑,活动各关节 3. 柔韧性练习(15 分钟):分开练习各部位柔韧素质
基本部分	110 分钟	1. 基本技术(20 分钟):两路纵队行进间练习散打基本技术和组合技术 2. 缠摔技术(30 分钟):两人一组练习缠摔,每组 3 分钟×6 组,组间间歇 1 分钟 3. 拳摔实战(25 分钟):两人一组打拳摔实战,每组 3 分钟×5 组,组间间歇 1 分钟 4. 打拳靶(40 分钟):两人一组打拳靶,每 3 分钟后交换,每人打 5 组 5. 腰背肌练习(20 分钟):集体练习,每组 1 分钟×2×5 组,组间歇息 1 分钟
结束部分	10 分钟	1. 放松:相互按摩 2. 整队:小结下课
器材设备		
小结		

第五章　散打运动员体能训练研究

体能是体育运动的基础，尤其是对于散打这种直接对抗性项目来说，在激烈的竞争中，良好的体能能够帮助散打运动员保持良好的状态和充沛的精力，保证其技战术水平的正常发挥，从而获得理想的运动成绩。本章就散打运动员体能训练进行研究，内容包括散打运动员专项身体素质分析、体能状态的调控以及各项体能素质的科学训练。

第一节　散打运动员专项身体素质分析

一、散打踢法专项体能分析

在散打中，踢法又被称为“腿法”，它是散打中最具有威力和特点的技术之一，同时也是散打实战中的主要的进攻性技术。拳谚“欲上搏击场，腿脚必成王”，充分说明腿法的重要性，“手是两扇门，全凭腿打人”更加体现出了腿法进攻性强的特点。

散打的腿法可以分为五类，分别是蹬腿、踹腿、鞭腿、勾腿、摆腿等。根据相关研究表明，在以上几类腿法中，鞭腿无论是在使用效果还是在使用频率方面都是非常广泛的，因此鞭腿有着“腿法之王”的称号。

就拿右鞭腿来说，其动作基本要领为：身体左转 90°，重心移至左腿；同时右腿以大腿带动小腿屈膝前摆，扣膝绷脚，随即向前挺膝鞭甩小腿，力达脚背至小腿下端。根据鞭腿的相关发力原理，鞭腿的主要力量来源为腰腹部的核心群的肌肉、股四头肌。所以，在散打比赛中，若想将鞭腿技术充分发挥出来，以争取获得优异的运动成绩，就必须在日常训练中加强发力肌肉的力量练习。

（一）核心力量的训练

1.稳定状态的无器械练习

不使用辅助工具的练习，可以分为动态和静态两种。

动态练习主要在于使运动员能够感知到核心肌群的用力与自身对身体的控制。主要是依靠核心局部的肌群来完成此类动作。

静态练习主要是能够动员整个核心区域的主动肌群进行同步收缩，同时使得拮抗肌群处于非兴奋状态。

2.不稳定状态的无器械练习

使用诸如瑞士球、悬吊绳索之类的平衡训练器械，不但可以提高肌肉的活化水平，调动更多的肌肉、神经元来参与力量工作活动，还可以刺激机体，从而加强核心区的稳定性，使得技术动作充分地动力定型。从根本上讲，这种核心区域的稳定功能不仅仅使得主动子系统功能的问题得到解决，而且也发展了控制子系统功能的问题。

（二）股四头肌力量训练

1.持壶铃蹲起训练

两只手拿着壶铃放于体前，两腿分开，保持同肩宽，做屈膝深蹲与蹬腿跳起练习，重复进行练习。

要点：练习时两臂要直，不要俯身。也可以站在台阶上，壶铃放在台阶下面练习。提高股四头肌力量和弹跳力。

2.脚勾壶铃腿屈伸训练

练习者坐在台阶或高凳上,一脚勾住一个壶铃做腿屈伸练习。如上反复练习。

要点:练习时上体要正直。作用:提高股四头肌力量。

3.马步负重训练

身穿沙衣做马步静力练习,时间从短逐渐增加,也可以做马步冲拳,还可以在砖头上站立进行练习。

要点:上体要直,头要正。作用:提高股四头肌的力量。

二、散打打法专项体能分析

从一定程度上来说,散打的打法,可以称为“拳法”。拳法的主要技击方法有摆拳、勾拳、冲拳。

拳法的基本动作要领为:以摆姿态开始右脚用力蹬地,力量顺势传到腿部,扭腰送胯,快速带动腰向前扭动,将力量总和于肩部,同时将其前送。右拳以直线向前击打敌方头部。蹬腿、扭腰、送肩三个环节的协调配合是将出拳力量增大的必然条件。胸肌、腰腹部的核心群的肌肉、肱二头肌、肱三头肌是其力量的主要来源。所以,若想在单打比赛中将拳法技术充分发挥出来,获得优异运动成绩,就需要在日常训练中对发力肌肉加强相应的力量练习。

(一)胸肌力量练习

1.杠铃卧推

平躺在长椅上,掌握杠铃,两掌距离略比肩宽。慢慢将杠铃下降到胸部位置,注意不要触碰胸部,然后将杠铃推回原位。

2.平躺哑铃上举

双手握哑铃，提至胸两侧，用力伸直手臂举起哑铃，然后缓缓回到原位。

3.坐式推胸

坐在座位上，双手握住手柄，挺胸直立。用力推手柄，直到双臂伸直，然后缓缓回原位。

4.健身球小飞鸟

背部躺在健身球上，双腿固定住身体，腰部挺起与身体平行，做小飞鸟练习。

(二)肱二头肌力量练习

1.站姿弯举

双脚平行站立，将绳踩在脚下，挺胸，肩下压，两手握手柄在身体两侧，掌心向前，上臂贴紧身体，吸气，呼气同时向上弯曲手臂至肱二头肌完全收缩，吸气同时还原到初始位置。注意整个过程保持上臂贴紧身体两侧，不要张开，但可以做轻微地前后移动。

2.仰卧弯举

将绳固定在低位，仰卧在地面上，两臂在身体两侧，贴住身体，双手握手柄，完成弯举动作。改变握法，可以达到不同的锻炼效果。

3.集中弯举

半蹲或坐在椅子上，两脚分开，将O型绳踩在右脚下，用左手握住O型绳，将肘关节垫在左大腿的内侧，吸气，呼气同时向上弯曲手臂至肱二头肌完全收缩，停顿1～2秒，然后吸气慢慢还原到开始位置。换另一侧的手臂重复。

(三)肱三头肌力量练习

1.窄握杠铃推举

仰卧在长凳上,两脚平踏在地上,以维持身体平衡。两手握住横杠中间,两手窄握,间距为一掌宽。固定肘,横杠置于胸前,然后两上臂靠近体侧内夹,用三头肌收缩力量将两臂完全伸直,两臂伸直持铃支撑在两肩上方。两臂慢慢弯曲落下至横杠触及胸部,然后向上推起至开始位置,重复练习。

2.窄握双杠臂屈伸

双手窄握撑杠,将身体往上升至肘部伸直高度,双眼看向前方、始终保持肘关节指向后方。吸气,屏住呼吸慢慢地将身体放下去直至你的上臂与地面平行为止。不要让胸部和肩部有明显的牵拉感,保持重点在肱三头肌上。收缩肱三头肌,快速将肘关节伸直,将身体往上推,回复肘关节至完全伸直状态。停顿片刻,重复。

3.杠铃颈后臂屈伸

反坐在牧师椅上、肩脚骨下沿抵靠座椅,也可坐在长凳前端;如果采用立姿,则要求全身直立,动作过程中保持不要晃动。将杠铃举在头顶,双臂伸直,但两肘并不锁紧,上臂正好位于双耳外侧;屈肘缓缓向颈后下低杠铃,停止在前臂刚刚超过同地面平行的位置;稍稍停顿,然后上臂发力,将杠铃举回起始的位置,重复。

三、散打摔法专项体能分析

在散打运动中,摔法是其基本技术之一,这一技术在散打比赛中有着非常重要的作用。对散打摔法技术进行熟练掌握,并将摔法在实际比赛中合理有效地发挥出来，这是散打运动员获得比赛胜利的关键因素之一。

在散打比赛中，常用的比较实用的摔法主要有抱双腿过胸摔、抱单腿拉腿摔、抱单别腿摔、夹颈过背摔、接腿转压摔、接腿别腿摔、接腿上托摔等。

就拿接腿勾腿摔来说：当对方用右侧弹腿踢击时，左手抄抱其小腿，右手由对方右肩上穿过，下压其颈部，同时左手上抬，右脚向前上方向踢其支撑腿将对方摔倒。全身性的肌肉协调配合发力是摔法的主要的发力来源。摔法实在激烈且瞬息万变的对抗中掌握战机灵活的运动自身的技术技能快速有力地将对手摔倒在地。所以，摔法能够得到成功运用，关键在于散打运动员要具有过硬的力量、耐力、速度、柔韧性等身体素质，最为重要的是能够在激烈的对抗中对时机进行很好的把握，这就需要散打运动员要具备移动迅速、反应迅速、动作快速准确的关键素质。

（一）简单动作反应速度的训练

简单动作反应速度是指根据动作的技术规格要求来进行单个或简易组合动作练习，单一反应速度的提高主要由运动员对动作的熟悉程度进行决定。

促使简单动作反应速度得以不断提高的常用方法主要有以下几种：

(1)根据教练所发出的口令或信号来做出相应的反应。如伴随信号的发出，迅速地做出指令性的动作如直拳等。

(2)根据相应的信号和指令进行快速的进退跑、变向跑等练习。

(3)根据教练或同伴做出的指令来进行相应的进行动作或防守反摔动作。如在教练或同伴出腿时，能够快速做出接腿摔的反应动作。

（二）复杂动作的反应速度训练

散打比赛非常激烈，并且赛场战机也是瞬息万变，这对复杂动作的反应速度提出了很高的要求。这些复杂动作与散打技战术训练有着非常密切的联系。所以，复杂反应动作的练习最为重要的是为运动员创造条件进行实战，积极参加邀请赛、友谊赛，甚至是通过以赛代练的方式去具体的完成训练任务。所以，依据教练员事先设定好的训练目标，进行实战性的对抗比赛，在对抗训练中掌握复杂动作的动作速度和发力时机以及技巧，进一步提高完成复杂动作的准确性，是高水平运动员在日常训练中必需的方法之一。在有训练计划的发展复杂动作的反应速度训练中，尽可能地根据或者模拟比赛中可能出现的类似的情况，让运动员在平时的训练中依照其类似的情况进行反复的动作练习，使得运动员在真正的比赛中缩短反应的时间，提高动作的完成质量。

第二节　散打运动员体能状态的调控

一、超量恢复调控

相关研究表明，在接收到大强度刺激之后，运动员经过一定的合理的恢复调节，可以使身体产生超量恢复，这是促使运动员能够将自身最佳的竞技状态在比赛场上得以保持的必要条件。

这一规律的具体运用方法，主要有以下两种。

（一）大负荷诱导刺激性训练

这种方法能够促使运动员不断承受更大的运动负荷强度，以使自身在负荷巨大、因素复杂的比赛中得以稳定发挥。赛前诱导性刺激训练通常安排为一周，按照实际情况也可以调节至 2～3 周。要根据具体实际来进行制定，如果比赛时间比较长，那么可以将平时训练时间适当增加，从而使训练和比赛时间能够保持一定的匹配度。但最为重要的是，训练量和训练强度不能同时增加，否则就会因为负荷过大而使身体产生过度疲劳，对运动员的身体造成损害。

（二）减量“一致性”训练

这种刺激手段是指运动员能在科学训练的情况下从原有的大强度的训练逐渐降低，使得运动员达到最大程度的超量恢复。对于运动员来说，任何一种训练量和训练强度的刺激都会使其身体产生不同的超量恢复程度以及所需的身体恢复时间也是不同的。而此种方法的一致性就在于能将不同训练刺激带给运动员的超量恢复同步性地在相同的时间表现出来，使得运动员多种竞技能力变化曲线的最高点交汇于比赛时期。这对于运动员而言就意味着能将自身的最佳竞技状态在比赛时期顺利地显现出来，取得优异的运动成绩。

二、生物节奏调控

所谓生物节奏是指人和所有生物所本来就具有的一种有着时间变化规律的生命现象。在运动员最佳竞技状态方面，除了受到传统训练中训练技巧、训练时间和训练计划等因素的影响外，生物节奏和自然节奏规律也会产生很大的影响。例如，运动员去到别的国家地区进行比赛时，就会因为时差的不同使得自身的昼夜休息时间无法正常的运转，进而影响到的就是人的神经、循环、呼吸、内分泌、消化和排泄系统的功能，这些功能的失调必然会使得运动员的运动状态、睡眠、饮食等受到很大的影响。当生活节奏和外部条件同时对运动员的竞技能力产生双重影响时，那么运动员所达到的最佳运动状态也会受到很大程度的影响。相反，如果运动员同外部环境能够达成协调一致，那么其就能够承受更大的运动负荷，这样便更容易进入到最佳竞技状态。

三、心理精神调控

赛前心理调控对于运动员来说，若想获得优异运动成绩，这是必备的手段。

赛前心理调控又可以分为比赛前期的心理调控和比赛临场心理调控。比赛前期心理调控的时间安排在比赛前的2～3周，比赛临场心理调控的时间安排在比赛之前的几个小时。若想对运动员的赛前心理状态进行有效掌握，这就需要对运动员的心理特点进行充分了解，进行因材施教，针对运动员不同的运动心理特征采用与之相对应的合理的调控方法。为了使运动员能在赛场上将自己的运动能力表现到最佳状态，教练员必须在平时的训练中就应当设定与比赛相近的训练模式，或者积极地参加一些友谊赛、热身赛。通过参与比赛代替训练，来促使自身的自信心和赛前自我调节能力得以不断增强，对比赛输赢进行正确的认识，形成正确的价值观，对自身的消极情绪进行积极环节和消除。同时也要将运动员的赛前竞技状态调控落实到位，将运动员的竞技能力最大限度的在赛场上发挥出来。

第三节　散打运动员各项体能素质的科学训练

一、力量训练

对于散打运动员来说，其力量训练主要是以速度力量、最大力量和力量耐力为主。为了更好地满足各个不同技法对不同力量的需求，应保证散打运动员的力量得到均衡发展。

(一)最大力量的训练

1.提高中枢神经系统支配肌肉工作的能力

(1)肌肉工作的刺激强度

在训练过程中,运动员除了学习动作、改进技术、模拟战术、条件实战等练习之外,不管是空击还是打手靶、脚靶、沙包等等,都要求运动员用最大的力量和最快的速度来完成每一个动作,保证神经系统的高度兴奋性,保证参与工作肌肉的刺激强度,从而提高训练质量,保证运动员最大力量的增长。

(2)肌肉工作的张弛适度

俗话说:“一张一弛,文武之道。”运动员尚未将动作发出之前和将动作发出之后收回的过程中,要将身体尽可能地保持在相对合理的放松状态,以使心情紧张得以尽量克服,缓解肌肉僵硬的情况。这样,有利于肌肉迅速补充能量物质,有利于神经调节机制得到缓冲,为发出下个动作积蓄力量,有利于缓解对抗肌对主动肌、协同肌产生负面的影响,从而保证下一个动作能够发出最大的力量。

(3)肌肉工作的方式

每个技法动作的完成,尽量合理地调动更多的大小肌肉群参与工作。例如,踹腿动作,在发出动作之前,大腿尽量屈膝回收,这样便于发挥大腿肌肉群的作用,使大腿推动小腿向前发出自身具有的最大力量。又如,冲拳动作,仅仅依靠上肢肌群参与工作,力量再大也是有限的,拳谚中“起于根,顺于腰,达于梢”的意思,就是要动员下肢、躯干、上肢,所有能够参与工作的主动肌、协同肌共同做功,使冲拳发出整体的合力。

(4)肌肉工作的距离

散打技法动作产生力量的大小与肌肉工作的距离有关。同样的肌肉质量,工作距离短则力量小,工作距离长则力量大。武术谚语中说:“一寸长,一寸强。”散打的拳法、腿法动作,在不产生预兆和保证身体重心稳固的前提下，为了最大限度地发挥动作的打击力量，应该尽量加大肌肉的工作距离。另外，双方运动员在不断移动的动态变化过程中，肌肉工作应该及时调整好击打的间隔距离。调整间隔距离主要依靠步法的移动和动作姿势状态的调节，以保证肌肉工作能够发出最大力量所需要的距离范围。

(5)力量集中在力点

力点是指拳法、腿法动作打击目标时的具体部位。攻击性的动作在运行过程中，动作起点的初速度力量小，随着动作向前快速运行，力量逐步增大，拳面、脚底或脚背打击目标时，力量应该达到最高值。平时训练，应该力争做到动作力量的最高值集中在被击打的目标上，以此来保证最大力量的打击效果。

(6)以气催力增加力量

气与力合，以气催力是武术的整体观、和谐观在动作发力技巧上的具体体现。同时，也是增加动作最大力量的发力方法。运动员在活动过程中，始终保持腹式呼吸，气沉丹田。在发出拳法、腿法进行攻击时，不能憋气而要呼气，使呼气和攻击动作协调一致。以气催力可以起到增加动作速度、动作力量的作用，而且也能够加强自身的气体交换，对保持体力也有较好的作用。

2.增加肌肉的生理横断面

(1)最大力量训练的要素

①肌肉工作的方式

散打运动员发展最大力量，应以克制性和退让性的动力性工作方式为主，辅之等长收缩的静力性工作方式。静力性练习是发展最大力量的有效手段之一，特别对抱摔有很高的使用价值，高水平运动员的训练，静力性练习的量宜控制在最大力量练习总量的10%以下。

②阻力的大小

克服阻力的大小是最大力量训练的要素，阻力的大小取决于练习的任务。在改善肌肉协调和肌间协调，不要求增大肌肉体积的最大力量练习时，负重的变动范围很大。克制性力量练习可在最大力量能力的50％～60％至90％～100％范围内变动。退让性力量练习可在70％～80％至120％～130％范围内变动。改善肌肉协调应采用极限负荷和次极限负荷，肌间协调的改善应选择极限重量的50％～60％，极限负荷和次极限负荷对改善肌间协调的作用不大。

选择增大肌肉体积来发展最大力量时，采用的练习强度约为极限重量的75％～90％。这种负荷的重量可以使每组力量练习的肌肉工作强度与每组重复的次数达到最佳组合。高水平的运动员由于具有了对静力性力量练习的适应能力，静力性力量练习的重量只有达到极限重量的90％～100％才有可能获得最佳训练效果。

③练习动作的速度

无论采用哪种方法发展最大力量，都必须保持较慢的动作速度，动作速度过快会使练习效果向发展速度力量的方向转移。另外，在进行向心力量练习时，如果动作速率过快，力量的最大发挥或接近最大的发挥，只能出现在动作的开始阶段，而肌肉工作的其他阶段因器械的惯性作用却不能获得应有的负荷。采用改善神经调节机制的途径发展最大力量，中等动作速度的练习效果最佳，每个动作的速度为1.5～2.5秒。为了防止慢速的最大力量练习而引起肌肉协调的劣变，导致肌肉快速收缩能力的降低，要把慢速的最大力量与快速的力量或动作结合起来练习。

④每组练习完成的时间

改善肌肉协调的最大力量练习，通常每组重复练习的次数2～6次，完成每一组练习的时间需3～15秒钟；改善肌间协调的最大力量练习，每组重复次数15～20次，每组所需时间为20～50秒钟；若以增大肌肉体积提高最大力量时，则每组练习的次数为6～12次的效果为最好，一组练习需要30～60秒钟。

⑤组间的休息时间

无论任何情况，都必须保证运动员无氧非乳酸能源和机体工作能力的基本恢复。发展最大力量的组间休息时间较长，一般为2～6分钟。

⑥练习的组数

发展最大力量的练习组数，往往是根据运动员的训练水平，发展最大力量的性质、目的和方法而定，它具有变动范围较大的特点。一般来讲，改进肌内协调和肌间协调进行的最大力量练习，其重复的组数为2～6组；增大肌肉体积的最大力量练习，其练习的组数为5～10组。

(2)发展最大力量的常用方法

①重复训练法

这种方法的特点是负荷重量的大小随着肌肉力量的增大而逐渐增加。此法有利于改进用力的协调性，能迅速而有效地提高肌肉力量，适用于训练的各个阶段和时期。负荷强度为75%～90%，每组重复次数为3～6次，组数为6～8组，每组间歇时间为3分钟。

②强度训练法

这种方法的特点是采用最大的负荷进行练习。训练时逐渐达到用力极限，然后继续用中上强度的负荷量，直到机体对刺激产生劣性反应为止。此法特别适合高水平运动员使用，它有利于最大力量和相对力量的提高，却不增大肌肉的体积，不增加体重。采用这种训练方法需要较好的体力和心理的准备，还需要丰富的营养和良好的恢复手段作保证。负荷强度为85%～100%，每组重复次数为1～3次，完成组数为6～10组，每组间歇时间为3分钟。

③阶梯式训练法

这种方法的特点是突出极限强度，几乎每个练习都要接近、达到甚至超过本人当天的最高水平。经过一段时间的训练以后，当原来的最大重量能够成功完成3次以上时，就可以适当继续增加重量。以此类推，使运动员的力量水平逐级提高。每级阶梯的训练时间为2周左右，如果运动员不能承受新的负荷，则退回到原来最高的阶梯水平，训练一段时间后再继续增量。负荷特征以90%的强度练习3组，每组重复2～3次；以97.5%的强度练习2组，每组重复2次；以100%的强度练习2组，每组完成1次；以100%以上的强度练习1～2组，每组完成1次。以上练习的间歇时间均为3分钟。

④极限训练法

这种方法的特点是进行极限数量的动作重复，直到实在练习不动为止。此方法对机体施加了全面、深刻的结构性（肌纤维增粗）和机能性（心血管系统）的影响，是一种能得到肌内协调和肌纤维体积双重训练效应的方法。负荷强度为50%～75%时，每组重复10～12次，组数为3～5组，每组间歇3～5分钟。

⑤静力训练法

这种方法的特点是用较大重量的负荷并以递增重量的方式进行练习。负荷为90%以上的强度，每组持续3～6秒钟，组数为4组，每组间歇时间为3～4分钟。

（二）速度力量的训练

1.速度力量训练的要素

（1）肌肉的工作方式

发展速度力量主要采用动力性的，包括克制性的、退让性的等动和超长的工作方式。

（2）肌肉工作阻力的大小

肌肉工作的阻力可以在较大的范围内波动，视练习的动作性质和目的而定。重点发展爆发力时，阻力的量要大一些，提高动作的起动力量时，阻力的量要小一些。

（3）训练的目的

如果训练的主要目的是提高爆发力，可采用次极限速度；如果训练的目的是提高出拳、出腿的速度力量，可采用极限速度。若采用等动练习法，则力求在15%秒以上的角速度条件下完成动作。

(4)单个动作练习的完成时间

每次练习的持续时间,应该保持在不降低动作速度,不出现疲劳状态的情况下完成动作。通常每组练习的重复次数,可在5～7次之间波动,每组练习的持续时间在6～15秒钟之间波动。具体每组练习的重复次数和持续时间的长短,需要根据练习的性质、目的、阻力的大小、训练的水平、练习的结构、机能的状态等因素而决定。

(5)每组练习的间歇时间

不同的训练负荷,每组练习间歇时间长短的把握,是落实科学训练的一个重要因素。组间休息必须保证机体工作能力的基本恢复和非乳酸能氧债的基本清除。一般来讲,发展动作速度练习持续时间短,间歇时间也短,发展专项耐力的持续时间长,间歇时间也长,每组训练的持续时间和间歇时间成正比。

例如,发展动作速度的练习,持续时间为10秒,间歇时间也可以为10秒;发展专项耐力的练习,持续时间是3分钟,间歇时间也可以为3分钟。如果间歇时间短,可采用消极性休息,如果间歇时间长,可采用积极性休息,并在休息期间进行深呼吸,进行自我放松,进行局部肌肉的静力性牵拉,等等。积极性休息的目的就是为了帮助机体尽快恢复到最佳的工作状态。

(6)专门动作速度练习的安排

运动员的日常训练,每一个动作都应该用最大的力量,最快的速度来完成,单个动作速度的练习寓于动作完成的过程中。专门的动作速度练习是指以最快的速度重复练习单个动作,这样的练习每周最多安排1～2次,每次安排5～8组。

2.速度力量训练的方法

(1)采用极限重量的60%～80%,以基本动作三分之一的幅度举起重物,然后迅速放下,再立即以极限速度举起。每组次数3～5次,完成3～5组,组间休息30～60秒。

(2)采用极限30%～50%的重量,以极限速度重复7次,完成3～5组,组间休息30～60秒。

(3)采用等同比赛的阻力负荷,进行持续时间为6秒钟的等长练习,间歇2分钟,重复2～3次。再以极限重量的40%～50%的负荷,以极限速度练习4～6次,重复2组,组间休息1～2分钟。全套动作重复2次,中间间歇2～3分钟。

(4)各种拳法、腿法动作的快速击靶,要求以最快的速度、最大的力量完成。每组完成8～12次,每次完成5～10组,间歇时间视练习时间而定,练习时间持续越短间歇时间越短,练习时间持续越长间歇时间越长,间歇时间以30秒为起点,随练习时间延长而延长。

以上各种练习,可根据散打技法动作的需要设计出多种组合,以发展运动员专项的速度力量和爆发力。

(三)力量耐力的训练

1.力量耐力训练的要素

(1)负荷强度

在散打比赛的过程中,运动员多次重复各种不同的拳法、腿法、摔法以及防摔动作,所需的力量耐力较全面,既有最大力量耐力,又有速度力量耐力,还有静力性力量耐力,因此负荷的重量必须适于不同力量耐力发展的要求。拳法、腿法动作的力量耐力练习,阻力略超出比赛活动阻力的5%～10%;提高摔法动作力量耐力的阻力,可等于比赛性活动的阻力或超过此阻力的10%～30%。在一般性力量耐力训练中,发展最大力量耐力,可采用60%～80%的负荷重量;发展速度力量耐力,可采用40%～60%的负荷重量;发展与对手抗衡防摔的静力性力量耐力,可采用70%～100%的重量或阻力。

(2)练习的持续时间

根据运动员练习时机体的供能性质,动作的速度和负荷量的大小,每个动力性练习的时间有较大的波动。提高出拳、出腿力量耐力的练习时间可为30～60秒;抱摔、摔布人、摔陪练运动员,发展最大力量耐力的练习时间,可在30秒至2分钟的范围内波动。总之,一组练习的次数和完成练习的时间,均应使运动员的机体出现较深的疲劳状态。

(3)练习的间歇时间

练习与练习之间休息时间的长短,取决于练习的目的、性质、负重的大小、练习时间的长短和投入工作的肌肉数量。若练习的时间较短,需通过数组的练习才能达到极限疲劳,练习的间歇应在身体未完全恢复的状况下进行。例如,发展出拳、出腿动作的肌肉耐力的力量训练,持续练习的时,间歇通常为30～60秒,间歇时间短于练习时间5～10秒。持续练习的时间较长,并希望每次练习都达到满意的训练效果,间歇的时间应足以使机体恢复至初始或接近初始水平。例如,发展最大力量耐力的抱摔练习,组间休息可为1～3分钟。

(4)练习的速率

在提高一般性肌肉耐力能力的负重练习时,完成动作的速率要适中,过分追求动作速率会导致动作功率的降低。在发展专项肌肉耐力能力的练习时,动作的速率应尽可能与比赛活动的速率一致。

(5)练习重复数量的组数

发展最大力量耐力的重复总次数可达60～100次,练习3～5组;发展速度力量耐力的重复总次数可达100～200次,练习3～6组。

2.力量耐力训练的方法

(1)循环力量训练法

这种方法就是运用各种类型力量训练方法的参数,选择若干练习手段,组成不同内容的“练习站”,并以循环的方式进行练习。循环练习可设计为发展最大力量、速度力量、力量耐力或综合力量的各种训练方案，整个循环使身体的各个部位和各肌群都得到锻炼。散打力量耐力的循环练习通常采用3～5个“练习站”，每个“练习站”循环3～4次，总持续时间为20～30分钟。

(2)强度负荷法

采用40%～60%负荷强度，每组完成10～20次，总共进行3～5组，组间休息60～90秒。采用25%～40%的负荷强度，以快速的节奏完成练习，每组重复30次以上，完成4～6组，组间间歇30～60秒。

(3)重复训练法

采用低强度的训练手段，例如体重级别不同的运动员持不同重量的哑铃练习拳法，腿绑沙袋练习腿法，每组重复20～40次，间歇60～90秒。特别需要注意的是，负重练习专项技法动作，释重以后一定要进行短暂、快速的空击动作练习。

二、速度素质训练

(一)速度的表现形式

散打比赛运动员使用技法的内容十分丰富，动作变化多，攻防转换快，攻中有防，防中寓攻，对抗十分激烈。因此，运动员在体能方面速度的表现具有多变性和复杂性，可以分为反应速度、动作速度、位移速度和动作频率四种表现形式。

1.反应速度

散打运动员的反应速度，是指针对对方运动员的意图和动作，在最短时间内进行应答的能力，也是指运动员操作动作的条件反射能力。

反应速度可分为简单反应速度和复杂反应速度。

简单反应速度是依靠人体“第一信号系统”，对特定动作或信号做出反应的快慢。简单反应速度是机体本能就具有的，例如，对方发出攻击动作时进行躲闪，对方出拳我出拳，对方出腿我出腿，等等。简单反应的特点是受对方动作刺激的支配，对方是主动的，自己是被动的，使用技法很难达到最佳的得分效果。散打训练需要在克服运动员简单反应的基础上建立复杂反应。

复杂反应速度是依靠人体“第二信号系统”，按照散打技法相生相克的原理，进行专门的训练培养出来的。例如，对方的姿势状态露出破绽主动抢攻，对方发出拳法动作用腿法反击，对方发出腿法动作用接腿摔反击，等等。复杂反应的特点是对方的诱导信号在自己的预料之中，自己是主动的，对方是被动的，使用技法的得分效果最佳。散打运动员需要的是复杂反应速度，其训练的本质规律就是围绕着发展运动员相生相克操作技法的动作条件反射能力。在散打中，运动员的反应速度是一个最重要的身体素质，是使用技法击中、摔倒对方的必备条件。

反应速度在散打运动中，不但是运动员使用技法所需要的一个十分重要的素质，而且其具体内容涉及的范围也比较宽泛，主要表现在技法的运用与操作方面。包括对发出动作前有效间隔距离准确判断的动作反应速度，对选择时机、选择技法、选择部位的动作反应速度，对内动打抢攻、小动打迎击、大动打反击的动作反应速度，对相生相克使用技法动作条件反射能力所表现出来的反应速度，等等。反应速度是支撑运动员技能水平的前提条件。

2.动作速度

散打运动员的动作速度，是指完成拳法、腿法、摔法等单个技法动作，从起点、运行到止点时间的长短。完成动作的时间越短速度越快，反之亦然。散打对运动员动作速度的要求很高，影响运动员动作速度主要有三个方面的原因。

一是动作技术的合理性，起点动作保持最佳的机动性，有利于动作的快速启动，运行过程的动作结构和动作细节合理、协调，机体的各个部分有利于产生动作快速的合力。

二是神经系统的支配不但兴奋点集中而且强度高，无氧供能的能力强。

三是参与肌肉做工的数量多和质量高。虽然运动员动作速度的训练主要是提高相关机能和素质，但是动作技术的合理性和协调性影响动作速度的因素也不能忽视。

3.位移速度

散打运动员的位移速度，是指身体移动通过一定距离所需时间长短的能力。完成动作的时间越短速度越快，反之亦然。散打运动员身体移动的距离不是很长，每一个动作的移动都在30厘米左右的范围。身体移动的方法表现在两个方面：

一是步法的移动，“步不快则拳慢”是指步法对使用技法影响的作用。在攻击对方运动员的距离范围之外时，用各种不同的步法配合相应的技法动作，快速抵达有效攻击距离的同时发出技法动作。或者能够快速地接近对方，为占据有利的攻击位置保证“进得去”，在相持的状态下，为了摆脱对方运动员的纠缠，重新调整自己的身体状态能够迅速地“出得来”。散打运动员的步法移动是全方位的移动。

二是上体的移动，上体移动是指运动员髋关节以下的身体部位相对固定，髋关节以上的躯干部位进行移动，主要用于制造机会和躲闪攻击。在制造机会时，用上体的左右虚晃、前后虚晃、上下虚晃动作迷惑对方，转移对方的注意力，让对方上当受骗，为自己主动进攻创造有利的时机。在躲闪攻击时，当对方运动员发出拳法、腿法的攻击动作时，上体前俯、后仰、向左右转移进行躲闪，躲闪的距离正好在对方攻击动作的止点之外。当对方的动作回收时，上体迅速跟进的同时发出反击动作。运动员上体的躲闪和跟进，不但动作要快速而且位置要准确，为自己发出攻击动作提供最佳的条件。

4.动作频率

散打运动员的动作频率，是指单位时间内完成攻击性技法动作数量的能力。动作频率主要是针对连击法提出的关于速度方面的要求，连击法既有同一动作的连击组合，又有同类技法不同动作的连击组合，还有不同类技法的不同连击组合。同一动作的组合主要是冲拳或鞭腿单一动作的连续攻击；同类技法不同动作的组合主要是各种不同拳法或腿法进行组合的连续攻击；不同技法的不同动作组合主要是不同的拳法和腿法连在一起进行连续攻击。组合动作的频率快，不但能够压制住对方而且容易有效地击中对方。

（二）速度训练的要素

1.练习强度

速度练习强度的选择和安排，必须使运动员机体产生最大功率的适应性变化，这种变化就是提高速度能力。练习强度的合理性有助于速度能力的适应性变化，练习强度应该在次最大强度和最大强度之间，运动员以最大速度能力的 90％～100％之间完成短时间的运动，有利于提高速度能力，低于这种速度会大幅度降低训练效果。因此，运动员训练时，必须以最快的速度，最大的力量完成每一个动作。

运动员进行大强度直至极限强度的动作速度性练习时，应该选择运动员已经熟练掌握而且技术巩固的动作，这样可以使运动员的注意力集中在完成动作的速度上。否则，运动员的注意力会首先集中到完成技术的过程，不但分散了速度的注意力而且分散了神经系统的兴奋点，会对速度性练习产生破坏性的干扰。

2.练习的持续时间和训练量

击靶的反应速度练习和配对的模拟反应速度练习，持续时间的长短没有严格的规定，只要运动员处于适宜的兴奋状态就可以继续练习。对于动作速度和动作频率的训练，连续发出动作的持续时间必须严格控制在 30 秒之内，这个时间段是理论上保持最大速度的最佳练习持续时间。训练实践中，30～60 秒的拳法、腿法速度性组合练习，运动员也能保持极限强度和次极限强度的工作状态。训练量的控制以保持最大速度能力为准则，当疲劳出现不能继续保持最大速度时，应停止练习或转向其他内容的练习。

3. 间歇时间

间歇时间根据练习的持续时间和强度而定。一般来讲，连续发出动作的持续时间，也是组间休息的间隔时间。例如，10 秒的鞭腿连续击靶，组间休息的间隔时间也是 10 秒，然后继续下一组的练习，这种练习每个动作最多不能超过 8 组。其他组合练习形式的间歇时间以运动员得到最佳的恢复为宜，根据练习的强度和目的休息时间 30～60 秒为宜，一般不要超过 1 分钟，休息时间过长会导致中枢神经系统兴奋性的降低。

(三)速度训练的方法

1. 反应速度的训练方法

(1)重复反应法

运动员通过视觉观察并完成规定的单一信号应答动作的训练。陪练运动员专门发出“示靶”的信号，训练运动员专门进行“击靶”。重复反应法是教练员事先安排好持靶运动员的“示靶”方法，训练运动员专门采用某一技法进行“击靶”，如此反复地进行练习。达到规定的练习次数或练习时间以后，两个运动员互相交换。散打的拳法和腿法可以用此方法轮换反复练习。

(2)视动反应法

运动员通过视觉根据观察到的复杂信号进行应答动作的训练。陪练运动员无规律地发出“示靶”的信号，包括不同的距离、不同的靶位、不同的节奏等方面的变化。训练运动员事先并不知道陪练运动员会发出什么样的“示靶”信号，必须高度集中注意力，根据“示靶”的不同信号，选择相应的技法和措施(包括步法的移动和动作姿势状态的调节)进行“击靶”。

无论是采用反应速度练习的重复反应法还是视动反应法，陪练运动员一旦“示靶”，训练运动员就要以最快的反应速度和动作速度进行“击靶”。陪练运动员的“示靶”到位，训练运动员的“击靶”动作也必须到位，“靶”与技法的击打动作同时在空中的位置交汇，这是反应速度和动作速度训练必须达到的基本要求。如果陪练运动员的“示靶”动作到位，然后等着训练运动员来“击靶”，这样，训练的性质就会发生本质的变化，变成了发展动作力量或动作速度的“击靶”练习，起不到训练反应速度的作用。

2.动作速度的训练方法

(1)重复训练法

重复训练法是提高散打运动员的位移速度、动作速度和动作频率经常采用的方法。重复训练法通常固定训练内容、训练时间、训练难度，反复地进行相同的练习。重复训练法不仅仅适用于提高运动员的速度能力，也适用于学习、改善、巩固运动员的基本技术，技法动作的基本技术经过长期、多次的重复练习，才能形成正确的动力定型。

速度性练习效果的好坏，很大程度上取决于运动员完成动作的强度和最大限度动员身体机能的能力。因此，采用重复训练法发展运动员的速度，在进行练习时，应充分调动运动员训练的积极性，将注意力、兴奋点、主观能动性高度集中到以最快的速度完成技法动作上来，并力求超过自身的最大速度能力。

(2)变速训练法

变速训练法是一种有节奏地变换速度练习强度的练习方法。运动员过多地采用极限强度的练习，特别是极限强度持续重复相同技法动作的练习，会导致“速度障碍”的出现。如果还是采用相同的训练方法和相同的难度，速度能力不但不会提高反而会下降。在不同的训练课中，有节奏地变换速度训练的强度，会给运动员有一种新的速度感觉，引起心理和生理上的新变化，中枢神经系统和肌肉协调将重新适应新的要求。变速训练法既可消除极限强度训练单一化的弊端，又有利于轻松省力地完成技法动作，是有目的、有计划地提高速度能力和预防“速度障碍”的有效训练措施。

(3)刺激训练法

这种方法是在速度训练时，教练员采用各种手段激发运动员的机体能力，在后作用下提高速度训练的效果。

①预先爆发性用力刺激

在专项速度训练之前，先完成1～2组上肢或下肢爆发性用力的练习，通过充分调动机体进入良好的工作状态，来提高速度性练习的工作效率。

②递减阻力练习

在专项速度训练之前，运动员进行由重到轻的负重训练。阻力的降低，对于提高动作的速度有良好的训练效果。例如，上肢先采用拳击棒、哑铃、负重拳套，下肢先采用沙袋绑腿进行技法空击，然后没有负重进行空击。

③声响节奏引导训练

教练员通过掌声、哨声发出动作速率的指令，运动员完成技法动作尽量跟上声响的快速节奏，用声响来刺激运动员加快动作速度。

三、耐力训练

(一)耐力训练的要素

1.训练强度

发展有氧耐力的训练强度，一般不超过最大速度能力的70％，运动心率可以控制在每分钟140～165次左右，运动心率低于每分钟130次左右的负荷刺激时，不能有效地发展有氧耐力。

发展有氧耐力的强度，通常以运动员最大能力的 90%～95%的强度为主，也可采用以次最大强度的各种负荷强度。

2. 持续时间

有氧耐力的持续时间变化范围较大，教练员需要根据不同训练阶段、训练水平和专项的需要来安排，原则上不少于 20～25 分钟，高强度、高密度和短间歇的有氧耐力训练，每组练习的时间为 1～3 分钟。大强度的有氧耐力训练以持续 3 分钟一组为宜。

3. 间歇时间

无氧耐力训练的休息间歇时间不宜过长，过长会引起后续训练机能能力的降低。可用心率指标控制间歇时间，当心率下降到每分钟 120 次左右时，开始下一次练习。大强度的有氧练习，在每组练习之间应安排 1～3 分钟的间歇时间，以保证堆积的乳酸得以氧化，使运动员得到基本的恢复后，才可以开始下一次的练习。

（二）耐力训练的方法

1. 提高有氧耐力的方法

（1）长时持续训练法

散打训练一般安排 20～30 分钟，负荷强度的运动心率指标为每分钟 150 次左右。用于提高心脏保持机能活动水平不变的持续活动能力，发展运动员有氧代谢系统的供能能力，是发展一般耐力最有效的运动形式。

（2）短时持续训练法

持续时间为 5～10 分钟，负荷强度的运动心率指标约为每分钟 160 次左右，完成 2～3 组，组间间歇时间与训练时间基本相同。发展有氧强度状态下的供能能力，一般采用不同训练内容的循环组合方式。

(3)有氧间歇训练法

这种方法主要用于发展运动员有氧代谢系统的工作能力。练习的负荷时间为6～10分钟，运动员负荷强度的心率指标为每分钟170次左右，练习的组数不宜安排很多，一般2～3组足矣。

2.提高无氧耐力的方法

(1)强化性间歇训练法

采用单个或组合动作进行空击、打靶或打沙包的练习形式，采用最大的负荷强度，负荷时间通常为3分钟之内，负荷强度使心率指标控制在最高水平，间歇时间待心率下降到每分钟130次左右，即可进行下一组的练习。

(2)持续性间歇训练法

采用空击或击靶的练习形式，负荷时间通常在3～5分钟之间，要求完成每个动作的强度不变，发出动作的频率、密度可以进行变化，有时频率、密度高，有时频率、密度低，高低穿插进行，负荷强度的心率指标，最高可达每分钟180次左右。这种方法主要用于提高非乳酸能和乳酸能系统混合供能能力和速度耐力。

3.提高混氧耐力的训练方法

(1)12分钟跑

12分钟跑是提高人体心脏最高机能水平的有效练习，要求运动员在12分钟内跑到2 800～3 000米的距离，随着训练水平的提高逐步增加距离。

(2)变换强度跑

这种方法主要用于提高人体心脏对高变强度运动的适应能力。可采用快速跑20～40米，接着进入40～60米的慢跑，如此重复6～10次，完成2～3组，组间不用充分的恢复。

(3)模拟强度练习

采用模拟散打比赛的时间特征，运动强度变化特征和运动形式的特征，空击、打靶或打沙包的练习形式，每组持续练习3分钟,间歇 1 分钟,重复练习 3～5 组。

(4)专项对抗练习

运动员一人对一人,一人轮流对多人,高强度、高密度、多重复、短间歇的互相对抗。一人对多人时,不同的人可以采用不同的技法进行攻击。越是激烈的对抗比赛,越能发展散打运动员所需要的混氧耐力。

散打运动员的耐力训练是一项十分复杂而且科学性很强的训练任务,因为散打运动员在比赛中,既要有很强的无氧耐力又要有很强的有氧耐力,而且运动员有氧和无氧两种代谢形式不断交替进行,所反映出来的混氧耐力要求很高。因此,散打运动员的耐力训练不但需要采用各种无氧耐力和有氧耐力的训练手段,而且需要对不同耐力表现形式的训练有严格的针对性和规定性。

四、柔韧训练

(一)柔韧训练的要素

1.拉伸强度

柔韧素质训练的拉伸强度,是指施加于运动员肌肉、韧带伸展活动用力程度的大小。用力程度包括外力的作用和自己的用力,都以运动员的自我感觉来控制练习强度,当肌肉感到胀痛时,可加大拉伸力度或保持拉伸的力度。当肌肉感到有像针尖扎的刺痛感时,可停止加大拉伸力度或保持这种强度。

2.拉伸速度

柔韧训练的拉伸练习,可用缓慢逐步加力的速度,也可用急促的速度,还可用快慢相间的速度。快速拉伸从起点到肌肉能够承受的止点后,再回到拉伸的起点,反复快速地进行。慢速的拉伸可以放松对抗肌,不容易引起牵张反射,训练效果好;急速的拉伸符合散打技法运动的性质和特点，二者可以有机地结合进行训练。

3. 练习量

对肌肉、韧带拉伸的重复次数、组数和持续时间，取决于关节的性质和特点，运动员的年龄和性别。技法动作常用的主要关节可多训练，在一堂训练课中，每组练习一般反复 10～12 次，外力加压的静力性拉伸可持续 2～3 分钟。

4. 间歇时间

柔韧训练的间歇时间，是指柔韧训练的时间安排。由于肌肉、韧带的拉伸有很强的伸缩性，每次持续反复的牵拉可以使肌肉、韧带伸展，停止下来以后，经过一段时间又可回到原来的状态。因此，柔韧素质的训练必须保持经常性和持久性。经常性是指每次或每天的训练课，都要安排柔韧训练的时间和内容；持久性是指运动员只要参加训练，就要永无止境地进行柔韧素质的练习。

（二）柔韧训练的方法

1. 动力拉伸法

动力拉伸法，是指先用力将相关肌肉和韧带下压至极限或次极限程度，然后放松回到原来的位置，如此有节奏地反复进行运动。动力性拉伸法的好处在于肌肉和韧带拉伸、放松刺激的节奏性，不易使被拉伸的肌肉和韧带感到疲劳。

2. 静力拉伸法

静力拉伸法，是指用力将肌肉和韧带下压至极限或次极限程度以后，保持稳定的静止状态。保持静止状态的时间与下压的程度和运动员的柔韧素质有关，下压的强度大，柔韧素质差，固定保持的时间短。不管怎样都以运动员被压的感觉为标准,肌肉和韧带只要没有刺痛感就可以继续加力或继续保持训练。

动力拉伸法和静力拉伸法,有主动训练和被动训练两种形式。主动训练是运动员依靠自己的力量完成,包括动力拉伸和静力拉伸在内的拉伸练习。被动训练是在运动员主动拉伸的同时,教练员或同伴用外力帮助完成拉伸练习,外力的大小一定要掌握适度,否则被牵拉运动员的肌肉、韧带部位容易受伤。

五、抗击力的训练

(一)抗击训练的方法

1.自我击打法

自我击打是指运动员自己采用方法击打自己的身体部位。例如,用手掌、拳或特制的器材拍打头、手臂、胸部、腹部、腿部;戴拳套重击自己的头部,用木棍滚压击打自己的胫骨;用手臂磕碰树干,用腿撞击沙袋、布人等。

2.相互击打法

相互击打法是指运动员与运动员之间,相互用拳或腿攻击对方的身体部位。例如,戴上拳套互相用冲拳攻击对方的面部,互相用腿法攻击对方的胸部、腹部、下肢部位,互相手臂与手臂撞击,以此来提高头部、胸部、腹部、下肢和上肢的抗击能力。

(二)抗击训练的要求

1.循序渐进

抗击训练要合理地安排运动量,按照循序渐进的要求,开始击打的力量由小到大,持续训练的时间由短到长,不可急于求成。

每次训练量的安排以被击部位感到不能承受时为止。

2.持之以恒

人体机能的改变不是短时间能见到效果的，它必须通过肌肉、骨骼器官，乃至每个细胞的变化逐步实现。另外，机体在外力作用下所获得的功力容易消退。因此，必须长期坚持训练。

3.注意恢复

抗击能力的增长是在破坏基础上的提高。训练过后，被击部位会有疼痛的感觉，因此训练过后可用按摩、沐浴、冷敷、热敷、药敷等手段，以促进有机体尽快得到恢复性的增长。

综上所述，散打运动员的体能及其训练，不但涉及运动解剖学、运动生理学、生物化学、生物力学、运动医学、运动营养学、运动训练学、运动心理学等多方面的理论知识，而且这些知识必须与专项训练相结合进行综合运用。散打教练员、运动员对各种身体素质的机能原理、需求特点、训练目的、训练要素、训练方法、训练要求的理论认识一定要清楚。散打运动员体能训练的总体指导思想应该是："以速度素质为中心，以力量、柔韧素质为基础，以耐力素质为保证，全面、协调、快速地进行发展。"

六、身体形态训练

(一)减少体重的训练

1.加强耐力训练

耐力训练除了能够提高运动员的有氧能力和抗乳酸能力以外，还能够起到降低体重的作用。因为，人体的能量物质主要由糖、脂肪和蛋白质所组成，在人体激烈、持续的运动过程中，能量物质首先消耗的是糖，其次是脂肪，最后蛋白质必须通过酶的酵解才能成为能量物质被大量消耗。加大运动负荷的耐力训练，能量物质在超负荷消耗的过程中，不但可以使体重降低而且能够提高人体的机能。

2.力量训练以大负荷为主

力量训练的不同负荷，除了可以提高不同的力量类型以外，对于肌肉的生理横断面也会产生不同的影响。力量训练负荷的大小，由负荷的重量和持续练习的时间两个因素来决定，负荷的重量越大，持续练习的时间越长，运动员的负荷量越大。对于力量类型来讲，一般大重量的训练主要是提高绝对力量，小重量的训练主要是提高速度力量。对于肌肉的生理横断面来讲，大重量的训练可以提高绝对力量而少有增加肌肉的生理横断面，小重量的训练既可以提高速度力量，也可以增加肌肉的生理横断面。因此，减少体重的力量训练要以大重量的负荷为主。

(二)增加体重的训练

1.加强小肌肉群的力量训练

运动员一般比较注重大肌肉群的训练，而往往会忽视各种小肌肉群的训练，实际上任何动作的完成，虽然是大肌肉群起主要作用，但是小肌肉群也会发挥协同的作用。例如，加强背部、腰部、腹部、体侧、上肢、下肢等部位，各种小肌肉群的训练，使小肌肉群的肌肉横断面加大，质量提高。通过长期训练不但可以起到加强力量，防止局部肌肉损伤的作用，而且还可以起到增加运动员体重的作用。

2.加强小负荷的力量训练

在保持正常训练的前提下，为了增加体重，可以适当地增加小负荷、快速度的力量训练。因为，小负荷、快速度的力量训练，持续地刺激肌肉，可以增加肌纤维的生理横断面，从而增加肌肉的体积达到增加体重的目的，同时，也使身体的形态显得健壮。例如，手持拳击棒、哑铃等重物，快速地完成各种拳法，小重量的快速卧推，小重量的快速深蹲，做俯卧撑、蛙跳等。

第六章 散打运动员心理与智能训练研究

散打运动的训练是一个较为复杂的系统，该系统中包含诸多要素。对于散打运动员来说，光有出色的技战术能力和良好的身体素质是远远不够的，还应在心理和头脑上进行全方面地训练。本章就重点研究散打运动员的心理训练、智能训练和意识的培养与训练。

第一节 散打运动员心理训练

散打运动员的心理在运动功能系统中，承担着调节身体状态，决定技能水平发挥的作用。本节中，对于散打运动员心理的定义是:运动员面对训练和比赛带来的压力时，能够对身体产生积极或消极作用的心理活动过程及其能力。

对这个定义的内涵进行分析，就是散打运动员训练竞赛的环境条件下，承受艰难、困苦、挫折、危险等方面的巨大压力，能够增强或减弱身体能量的心理因素。散打运动员的心理包括心理过程、心理状态和心理品质等相关因素。散打运动员的心理活动能够导致身体能量产生积极或消极的影响，也可以将其称之为心理能量。

一、散打运动员的意志力

意志是一个人确定目标后，为达到目标而产生的心理状态。意志是人为的、有意识、有目的、有计划地调节和支配自己行为的心理过程。意志力是确定目的、实现目的、克服困难、完成任务的心理状态和过程的具体品质。可以看出，意志和意志力相互关联而又略有区别，区别在于意志的重点是意志的心理状态和心理过程，而意志力的重点是这种心理状态和心理过程驱使人的行为能力的心理品质。

对散打运动来说，运动员的意志力是为了实现训练竞赛已经确定的目的，在相对艰苦的条件和环境下，向身体运动极限挑战的过程中，心理的激发和身体主观能动性的发挥。在运动心理学中，研究的重点是运动员意志的心理品质及其相关的因素。具体到训练竞赛的条件环境中，是运动员意志力品质的价值功能、主要特征、影响因素、表现形式、培养训练等方面的特殊活动规律。

（一）散打运动员意志力的主要特征

1. 追求目标的特征

运动员的行为具有目的性和方向性，其目标包含了行为目的和行为方向这两方面的因素。目的性指的是人期望达到的结果，实现的境界，达到的层次；方向性是指确定目标后，人一般都会在达成目标的方向上进行选择。渴望实现目标的需求每个人天生都具有，为了实现最佳目的，其行为轨迹会沿着既定的方向持续性地进行追求。

确定目标以后，在实践过程中会有各种变化。一方面，事情会随着认识程度的提高向更深的层次转变，另一方面由于相关因素的阻碍，也会使得事情向目标相反的方向转化。目标的难易程度是不同的，但运动员的目标确定以后，其行为会自觉地为实现目标进行努力奋斗，而奋斗的持续性和强度则依靠意志力来保证。因此，散打运动员确定目标是意志作用的结果，目标的实现离不开人的意志力的作用，运动员的意志和意志力是伴随着不同目标的确定和不同行为的付出同步而行的。

2.主观能动的特征

散打运动员意志力具有主观能动性，主要表现在对行动目标的确定和实现目标付诸行动的努力程度上，确定目标和实现目标都需要意志力发挥作用，对于不同的目标需要的意志力的程度是不一样的。

一般来讲，容易达到或者容易被舍弃的目标，对意志力的要求不高，或者是意志力没有足够的施展空间。运动员的目标越神圣，实现目标的难度越大，实现目标的愿望越强烈，就越能够强化运动员的心理能量。在散打的训练和比赛中，运动员经常会遇到艰苦和困难、挫折和危险，所以要求散打运动员有矢志不渝、永不放弃的崇高理想。运动员的主观能动性不仅可以唤醒和激发出心理的能量，而且能够坚定方向、坚定信念，进行不断地努力和奋斗。

3.战胜困难的特征

散打训练的过程充满了艰难和困苦、挫折和危险。散打运动员需要承受日复一日、年复一年的单调、枯燥的训练生活，在节假日无法与家人团聚，容易产生孤独、厌倦等心理状态。大负荷、强刺激的训练是家常便饭，身体的过度消耗可使一系列生理、生化指标发生改变，出现身体疲劳，感到身体上的疼痛。由于散打运动是近距离接触的对抗性运动项目，所以运动员之间频繁的互相碰撞和攻击，很容易让身体受伤。然而，散打运动的特点就决定了运动员必须轻伤不下火线，咬紧牙关忍痛带伤坚持完成训练和比赛。散打运动员既要承受比赛胜负的压力，还要面对双方殊死搏斗的严重考验，所有这些艰难困苦都需要顽强的意志力去克服和战胜。

4.激发能量的特征

心理学研究表明，每个人都有潜能，在没有激活之前处于沉睡状态，在紧急时刻和强烈的精神作用的刺激下，运动才会完成超出自身能力的动作。竞技体育强调的“更快、更高、更强”，就是通过体育运动为载体，不断地挖掘人体心理能量和身体能量的潜能，向人体的机能极限发起挑战。在散打的训练和比赛中，运动员的心理能量激发身体能量不断地超越极限，无数次对人体运动极限挑战的不断适应，身体机能在挑战中不断提高，对于提高运动成绩有着重要意义。

5.超越极限的特征

散打运动员的训练和比赛其实是不断超越运动极限的过程。散打的极限分为单个动作极限和持续动作极限。单个动作极限是指完成每一个动作的最快速度、最大力量、最高难度；持续动作极限是指不间断地完成动作的最大耐力，包括速度耐力和力量耐力。运动员在进行动作力量、速度、耐力的练习时，都要求运动员每一次动作必须用最快的速度、最大的力量、最高的难度来完成。因为在较大负荷刺激和高难度的运动环境下，运动员经历超越运动极限的过程，竞技能力才会有快速提高。运动员的最快速度、最大力量、最高难度以本人具有的最高运动水平为标志。在训练时，教练员很难对每位运动员是否竭尽全力，进行全面判断，所以必须依靠运动员个人的主观能动性充分发挥意志力的作用来保证。

(二)散打运动员意志力的表现形式

1.勤奋与懒惰

勤奋指的是在散打训练时，运动员能够尽心尽力、保质保量完成任务的意志品质。勤奋是运动员保质保量完成任务，必须具备的基本品质。在散打运动中，运动员的每一个动作都有“质和量”的问题，质是指完成动作的能耗和技巧必须达到最佳的程度；量是指完成训练任务的数量必须达到教练的要求，只有这样才能确保运动员有进步，有提高。运动员认真地、正确地完成每一个动作，必须依靠勤奋的意志品质来支撑。勤奋训练的具体行为是能够长年累月地保持按时来到训练馆，不迟到、不早退、不无故缺席；能够竭尽全力地完成各项训练任务，特别是在没有教练监督的时候，不偷懒、不放松；能够针对自己的不足主动加练等。

与勤奋相反的是懒惰。懒惰在散打训练中指的是运动员没有尽心尽力完成教练员布置训练任务的意志品质。散打训练是十分辛苦和劳累的，而人都有惰性，所以经常出现偷懒的现象。偷懒的原因有很多，从运动员自身来分析，有个人情绪不佳，会影响训练的积极性；有认为自己取得了好成绩或者状态好，偷点懒无所谓；还有认为平常偷点懒没事，只要比赛中努力认真就能成功等。从外界条件来分析，受训练环境的影响，偷懒的原因有受其他运动员不认真训练所传染，有身体感觉不适的影响，有训练场地、器材的感觉不好等。一旦偷懒，不但会对运动员的神经、肌肉的刺激和动作条件反射的加强产生负面作用，而且会导致体能、技能和智能全面下滑。训练表现客观上可以反映出比赛成绩，所谓一分耕耘一分收获，这是做事情的一般规律。

2. 顽强与软弱

顽强是指运动员在散打训练中，遇到困难、挫折、危险时，体现出不松懈、不气馁、不退缩、勇往直前、不折不挠的意志品质。比如运动员出现身体疲劳时，产生伤病疼痛难忍时，身体机能达不到完成动作要求时，运动员对抗能力不如对手时，比赛的场面处于被动状态时，遭受对方猛烈进攻等。出现这些艰难的情况时，运动员能够充分激发个人的心理能量和身体能量，始终保持高昂的比赛情绪和战斗意志，就有可能战胜困难，不怕挫折、脱离危险，出色地完成训练和竞赛的任务。

顽强的反义词是软弱。软弱是指散打运动员在训练和比赛的过程中，正常训练时还能够和大多数运动员一样坚持完成训练比赛任务，表现出来的能力和水平不比别人差；但是在遇到一些严重的困难、挫折、危险时，就会表现出松懈、气馁、逃避的品质。比如散打运动员在进行专项耐力训练的时候，还没有达到极限程度时，运动员还能高质量地完成训练任务，当身体能量的消耗刚进入到极限水平，不能忍受机体的疲劳感觉，立刻降低动作的完成质量，甚至于停下来，半途而废。

3.拼搏与退缩

拼搏在散打中指的是向极限挑战的过程中，运动员能够最大限度地唤醒和激发出心理和身体的潜能，坚持到底，夺取最后胜利的意志品质。拼搏精神是运动员训练和比赛中最需要的精神境界之一，而且是高水平运动员所特有的，经常在关键时刻表现出来的最强的意志力。竞技体育是运动员发挥拼搏精神的最佳舞台，竞技体育到处彰显着运动员的拼搏精神。无论是训练还是比赛，突破人体运动极限，挑战自我，提高自我，必须靠拼搏精神来实现。

与拼搏相对的是退缩。退缩是指运动员在极其艰难的条件下，经过持续的奋斗之后，面对困境和挫折没有战胜困难的决心，导致行动力下降的一种品质。意志的退缩是拼搏的反义词，拼搏是迎难而上，退缩是临阵脱逃。退缩现象的产生往往有两个条件，一个是在退缩之前，面对困难已经付出了很大的努力，几乎耗尽了所有的体能，心理也消耗到极限；另一个在困难的局面下，尝试走出来但看不到胜利的曙光，导致了斗志衰退，出现退却的情况。因此，拼搏是转向退缩的起点，退缩是在拼搏的基础上进行的倒退。胜利在于坚持，是对拼搏和退缩的不同意志品质产生不同结果的精辟总结。

二、散打运动员的情感

情感是人遇到外界客观事物的刺激，出现肯定或否定态度的心理状态。外界刺激符合人的某种需要时会产生积极的态度，违背某种需要时往往会产生消极的态度，这种以主观体验的形式表现出来的态度就是情感的心理过程。

散打运动员的情感力是指训练竞赛的状态与本人需要之间的关系。训练过程中，从消极态度改变为积极态度，有助于竞技能力的提高。散打运动员的情感力与平常人的情感不同。首先，运动员既普通又特殊，而本书所研究的情感是运动员在训练竞赛环境中的特殊情感。其次，情感力的定义诠释了训练竞赛的状态与常人需要的关系存在不同之处。训练和比赛中的需求和人类生活的需求不一样，运动员在体验的过程中，常常会出现不利于提高竞技水平的消极情感。

（一）散打运动员情感力的主要特征

1. 生理变化的特征

情感是客观事物的刺激与本人需求的联系所流露出的，无论是积极态度还是消极态度，都会对运动员的行为产生影响，因为情感的产生与植物性神经系统和运动系统有密切的联系。比如，危险来临时，人会产生畏惧的消极情感，导致心率加速、呼吸加快、肌肉紧张、血压升高、动作动力定型和条件反射紊乱等。生理上的变化，会让运动员的心理活动和身体活动能力下降。相反，同样面对不利的境况，若保持勇敢的积极情感，不仅生理功能不会出现负面变化，而且还会保持原来的水平，甚至爆发出更大的心理能量，从而身体也保持正常水平甚至更高水平，结果使竞技能力正常发挥和超常发挥。

2. 变化敏感的特征

散打运动员情感力变化的反应时间与其他人的心理活动相比较，相对而言更加敏感。在日常训练和比赛中，运动员遇到的外界刺激与本人需要的体验符合或相悖时，情感表达会立刻表现出来。例如，比赛中受到对方的重创时，心理素质好的运动员会表现出坚毅的表情，心里想的是赶紧站起来，用更凶狠的力量反击对方，这样的运动员情感力强；心理素质差的运动员会产生畏惧的情感，致使肢体僵硬、反应迟钝、退缩怯懦，这样的运动员情感力弱。之所以了解运动员情感力变化敏感的特征，就是为了针对性地培养和训练运动员在受到外界刺激时，能够及时调整情感向有利于自己发挥运动水平的方向进行变化。

3.两极延伸的特征

散打运动员在训练和比赛中，有时候会出现积极或消极两种完全对立的情感。情感是人对客观事物认识之后的真情流露，态度肯定或否定的结果没有判断标准，主要是根据不同的表现用不同的形容词来表达。每一组相对的情感根据刺激和感知的相对程度，表现出的情感也有不同的程度，也可以用不同的词语来形容。例如，高兴可以分为愉快、欣喜、欢喜等，痛苦可以分为失望、沮丧、悲伤、凄怆等。

4.控制转化的特征

受到外界刺激以后会产生积极或消极的情感，情感是可以控制的，受到人的主观能动性的支配与调节。例如，比赛或训练中遇到困难的时候，运动员可能会出现紧张和畏惧，但也可能出现淡定和无畏的情感。这些情感都是运动员自身心理能量的客观反映。情感可以受人为的控制和调节，通过训练运动员可以自我调节情感，不让消极情感出现，或者将消极情感转化为积极情感。散打运动会遇到无数的困难与挫折，在这个环境中，运动员出现消极情感在所难免。若想让运动员尽量产生积极的情感，尽量减少消极的情感，就需要对外界刺激导致不同情感的原因进行分析。只要教练员主动培养运动员积极的情感力，那么运动员的自我调节情感的能力就不会差。

(二)散打运动员情感力的表现形式

1.淡定与焦虑

淡定是在保持适当兴奋的前提下,无论外界的刺激有多强,始终能够处于一种沉着冷静、淡然自若的情感。淡定的直观表现就是不急不躁,保持敏锐的行动能力。保持淡定的情感,在训练和比赛中能够充分发挥身体机能的作用,保证训练的质量和效果;在比赛中不被外界的刺激所干扰,头脑清晰地面对复杂的局面。淡定是散打运动员应该具备的最佳心理品质。

焦虑是外界刺激对散打运动员产生忧虑与焦急的情感。具体表现在训练遇到困难挫折时,情绪起伏,容易出现急躁、易怒、失去理智,不能很好地控制自我。有的运动员在比赛来临之前,过分思考比赛的状态和胜负,大脑从安定的状态变为兴奋的状态,出现吃不下饭、睡不着觉、排尿过多的现象,导致在比赛中状态不佳、意识模糊、注意分散、思维涣散,从而发挥不出正常水平。

2.兴奋与抑郁

散打运动员的活动量要比普通人的运动量大得多,处于运动的时候,机体的各种器官与系统被充分调动,保证运动行为的顺利完成,调动身体机能的过程会让人产生兴奋的情感。人体的兴奋状态是身体机能活跃的标志,机体处于适度兴奋活跃,有利于技战术和身体的充分发挥。散打训练中,运动员保持适度的兴奋情感是完成运动行为的一个前提条件。

运动员的抑郁情感是情绪低落的体现。在训练中出现进程缓慢、意志消沉、没有自信、萎靡不振、优柔寡断、体能下降、动作迟缓、身体绵软,观察力、注意力、思维力全面减弱,以至于影响到训练的进行。运动员出现抑郁,主要是身体和精神两方面的原因,精神方面是因为对训练产生厌烦情绪或不自信等原因。身体方面是由于训练强度过大等原因导致身体度疲劳而产生不适。

人体机能有自我保护功能，当处于过度疲劳时，伴随着惰性，身体会自动产生减少消耗的意向。

3.高兴与沮丧

高兴在散打中是指比赛或训练中出现的愉快心情。虽然高兴与兴奋在意思上有些接近，但是，在情感的表达上是有区别的。兴奋在运动中指的是身体机能的状态保持在一个活跃的水平，而高兴的情感主要是某些事物让人感到身心愉悦。高兴的情感是一个积极因素，因为训练往往很艰苦，不是一件开心的事，但是，如果运动员怀着高兴的心情参与其中，就可以激发勤奋训练的意志力，让身体疲劳更不容易出现。如果运动员状态正佳，呈现出来的高兴情感就能够激发自己的自信心。

沮丧是指运动员遭遇挫折和打击后，产生灰心、失望、丧气的情绪。不管做什么事情，有时会遇到高兴的事情，但肯定也会遇到沮丧的事情。例如，某个技术大家都能熟练掌握，而自己掌握得不好，就会感到沮丧；比赛抽签时，遇到比自己强的对手，感觉凶多吉少，就会感到沮丧；比赛时输给实力不如自己的对手，或者在关键场次失败，这都会感到沮丧。沮丧的情感会影响到运动员的发挥，应该学会运用沉着冷静的心态来认识和处理对自己不利的事情。

4.放松与紧张

放松和紧张也是相对的，由于散打运动的特性，运动员在训练竞赛时，既不能太放松也不可太紧张。放松与紧张相对统一，是运动员必须把握情感力的重要因素。过度放松，机体就会下降，导致反应速度变慢，肌肉张力减弱，动作的速度、力量出现下降。过度紧张，则会导致反应呆滞，肌肉僵硬，心跳加快，动作变形。训练过程中，教练员如果发现运动员过度紧张，经常会下指令，提醒运动员不要过于紧张；如果发现运动员过度放松时，也会提醒运动员要紧张起来，不能太放松。放松与紧张的平衡度，每一个运动员都有最佳阈值，主要依靠运动员平时的掌握和养成。

5. 果断与犹豫

果断是指运动员使用技术和战术时，能够及时、坚决、快速、准确地出手。散打训练时，运动员的果断能够有效地抓住有利于自己采取行动的时机，能够保证动作发出的速度、力量。运动员果断的情感需要自信的心理品质和良好的技能、体能来支撑，坚信自己的运动能力可以通过果断行动取得成功。

犹豫是指散打运动员拿不定主意的情感品质。散打训练时，运动员犹豫的最大缺陷就是影响动作发出的速度和力量，丧失使用动作的时机，影响动作衔接的流畅度，处于不利局面，被对方连续进攻。出现犹豫的主要原因，一是对客观事物和条件的认识缺乏把握性；二是对自己的竞技能力存在顾虑性，瞬间出现了行为上的迟钝或空白。

6. 勇敢与畏惧

散打是徒手的格斗项目，比赛时，运动员运用摔、踢的技巧，表现出刺激和紧张的氛围，运动员的心理压力是巨大的。想要获胜，想要成功，运动员必须要勇敢。勇敢能表现出高昂的斗志，在以攻对攻、胜负难分、处于被动的情况下，谁更勇敢谁就更能占据先机。勇敢就是不怕困难、不怕危险、迎难而上的精神。

畏惧则是面对困难、挫折、危险时产生的害怕心理。畏惧常常可以摧毁一个人的内心，导致运动员变得软弱，最后的结局自然是失败。运动员畏惧的产生一般有三种情况：一是人本来就胆小；二是落于下风时；三是遭受对方重创时。心理脆弱的运动员最容易畏惧，遇到困难、挫折、危险，总认为自己打败不了这些困难，这些人自然也成不了优秀的散打运动员，因为他们没有具备运动员一不怕苦、二不怕死，勇往直前的心理品质。

第二节　散打运动员智能训练

散打运动员的智能是指训练和比赛中，运用技法进行人体格斗所表现出来的智慧能力。它借助于人的内部语言在头脑中形成对散打运动规律和训练规律的认识，自如运用相关的理论知识，恰到好处地解决训练和竞赛中的问题。

散打运动员的智慧能力有着广泛的内容，按照人体运动功能系统结构和要素的划分，智能属于运动员技能的指挥系统，主要承担着指挥和侦察的任务。现今格斗技法发展得十分全面，状态错综复杂，动作变化在瞬间完成，在指挥运动员相生相克地发出动作的合理性和有效性上，在表现技法、战术使用的准确、完美、巧妙的程度上发挥着十分重要的作用。

一、散打运动员的观察力

散打运动员的观察力，是指通过视觉采集到对手的身体活动的各种信息，为自己的下一步行动提供客观依据的能力。比赛中，不管是寻找战机、创造战机、抓住战机，还是进攻、防守、反击、攻中带防，所有行为都是观察别人的身体动作后，通过自己的思维决策进行的，因此，观察是所有行为之首。运动员的观察是通过眼睛来完成的，所以散打运动员应该具有良好的视觉，运动员的视力越好越有利于进行观察活动。

（一）观察间隔距离

间隔距离是指交战双方所处位置的远近程度。双方运动员的间隔距离是发出进攻性动作最重要的前提条件之一，距离合适，就可以攻击到对方，距离不合适，不仅打不到对方，还会被对方防守或反击。比赛中双方运动员所处的位置大约可以分为四种不同的间隔距离。第一种是动作攻击范围之外的间隔距离；第二种是适合腿法攻击的间隔距离；第三种是适合拳法攻击的间隔距离；第四种是适合使用摔法的间隔距离。在不同的间隔距离上能不能够迅速采用相应的攻击方法，是运动员距离感的具体反映。在双方的移动过程中，间隔距离在不停地变化，对间隔的观察，一方面表现在对间隔距离远近的程度把握得准不准确；另一方面表现在运动员进入到不同的间隔距离时，能不能够果断地发出相应的进攻方法。

运动员防守反击时，无论对方动作的速度有多快、力量有多大，在动作完成准备回收的临界点上，动作既没有力量还存在短暂的停留时间，在动作止点存在短暂停留的瞬间，采用反击动作是最佳的时机。比如，对方利用鞭腿击打自己的躯干部位，防守移动的间隔距离既不能太近也不能太远，近了容易被击中，远了自己不能反击。当对方完成动作准备回收时，根据对方回收进行拳头或腿法的跟进击打对方容易成功，使用接腿摔时也容易接住对方的腿，防守反击移动的位置与对方发出动作临界点的间隔距离，能够做到恰到好处，依靠的也是运动员的观察能力。

（二）观察内心活动

散打实战中，在裁判员发出“开始”的口令之后，双方在实施动作之前，运动员互相对峙，不管对峙的时间长或短，双方运动员其实都在进行观察。观察的内容之一就是了解对方运动员的行动企图，对方摆出的架势是要进攻，还是要反击，还是要吸引自己的注意力。如果是想主动进攻，采用哪种拳法和腿法的可能性最大；若要反击，就要观察对方的姿势状态，为自己进攻找到合适的时机，同时还要考虑采用什么样的方法和战术进行进攻；如果对方使用的是调动法，自己既不能上当受骗，还要针对性地采取行动措施。

为了便于观察对方运动员的内心活动，相互对峙中运动员要有眼神的交流。眼睛是心灵的窗户，通过眼神的汇聚可以知道观察什么、注意什么和思维什么。利用人体视觉、注意、思维转移时所需要的时间空当，给自己赢得进攻的机会。

（三）观察姿势状态

散打运动员的任何动作姿势状态都存在有利于实施主动进攻的薄弱环节，只不过是姿势状态不同，存在薄弱环节的部位也不同。把人体分成头部、躯干、上肢、下肢等若干个局部，各个部位有的利于进攻或防守，就必定存在着另外一些部位不利于进攻或防守的情况。以预备姿势为例，身体重心落在前腿的时候，有利于拳法、摔法和后腿腿法的进攻，但此时前腿的机动性能差，移动、抬起、出腿必须有转移身体重心的过程；当运动员侧身站立的时候，有利于前手出拳、前腿侧踹和转身发出后腿，但不利于后腿直接向前发出进攻动作；当运动员的两手抬高，可以保护头部，但躯干就暴露出来，容易被对方用腿法进攻；当运动员的双手落在躯干的时候，有利于接腿摔动作的完成，但不利于保护自己的头部。

准确、敏锐地观察到对方运动员动作姿势状态的薄弱环节，及时出击，是反映运动员观察力的核心内容。如果运动员对动作的薄弱环节没有理性的认识，就看不出对方的弱点，不可能针对性地采取措施，就不可能反映运动员应该具有的观察力。散打比赛中，运动员的进攻都是为了达到击中对方的目的，而且散打的每一个进攻动作都有可能命中对方，但也可能被对方反击。要想达到击中对方的目的，除了自己动作本身的合理性和动作的速度、力量等素质以外，就是针对对方动作不同的姿势状态，进攻对方的弱点部位，只有这样才能做到运动员使用动作是在自己理性的控制下，从而提高进攻动作的有效性。

（四）观察动态规律

动态规律是指运动员不同的动作姿势状态内在的本质联系。规律具有客观存在的，不以人的意志为转移的特征，人们在实践中可以充分利用。比赛时,双方都处于运动状态,虽然动作姿势状态千变万化,但都具有一定的客观规律。如果按照动作姿势状态的性质和幅度的大小,可以分为内动、小动和大动三种类型。内动是指运动员内心的活动,双方运动员互相对峙,动作姿态上没有变化,此时主要是思维在活动。小动是指运动员发出攻击性技法动作之前的各种过渡性动作,包括左右的步伐移动,身体的虚晃动作等。大动是指进攻时的拳法、腿法动作。

针对运动员动作姿势状态的运动规律,在散打运动员技能的章节中提出了内动打抢攻、小动打迎击、大动打反击的策略和办法,运动员在具体实施上,要针对不同的动态进行准确的观察。相对来讲观察对方运动员的内动比较容易,只要对方没有发出动作而且距离到位,就可以选择对方姿势状态的薄弱环节和针对性的技法发出进攻动作。大动和小动观察起来相对困难,因为大动和小动的动作起点有相似之处,但是具体措施又迥然不同,前者是主动进攻,后者是防守反击。如果观察判断错误,就会出现发不出进攻动作,会失去小动打迎击的机会,或者是发出的进攻与对方进攻动作相生相克的对应关系不吻合。

动作到底是小动还是大动,主要观察对方的上肢、躯干和下肢三个部位。一般来讲,如果对方先移动了上肢,做调动法或发出拳法的可能性大,后手跟进基本是出拳的动作。如果对方运动员的躯干先动,不管如何虚晃,肯定是使用调动法迷惑自己。如果对方先动下肢的前腿,除了可以使用鞭腿、蹬腿、踹腿之外,还有可能是步法的移动,也可能是使用调动法欺骗迷惑自己;如果对方下肢的后腿先动,不用怀疑,肯定是会发出鞭腿或转身腿法。如果对不同身体部位发出不同动作的基本规律有清晰的认识,肯定会提高对对方运动员动态的观察能力。

(五)观察使用技法

散打运动中,运动员的进攻方法是击中、摔倒对方得分,达到夺取更多得分,击败对手的目的。通过观察,准确地看出对方使用的进攻方法，不让对方的技法击中自己、摔倒自己，为准备实施反击做好准备，是表现运动员观察力的一个重要方面。搏击运动中有“拳打人不知”的说法，要做到这一点，进攻的动作必须隐蔽快速。如果在毫不知情的情况下被对方击中，一方面是对对方运动员发出的进攻动作观察发现不及时，来不及采取防守和反击措施；另一方面就是运动员的技术和身体素质还达不到完成防守和反击动作的要求。但任何隐蔽快速的进攻方法都存在可以观察到的征兆。

散打有着十分丰富的进攻方法内容，然而，运动员的预备姿势是所有进攻发出的起点，从起点发出的进攻方法，要么是先出左拳或右拳，要么是先出左腿或右腿。除了冲拳、鞭腿、蹬腿本身动作的征兆较小之外，其他的腿法动作都有身体重心移动的过程，了解每一种进攻方法的技术特点，就可以集中注意力为准确地进行观察、分析和判断对方发出的进攻方法提供可靠的依据。散打运动员都有自己擅长的技法，一般来讲，拳法优秀的运动员先用拳法进攻的可能性大，擅长腿法的运动员先用这些腿法进攻的可能性大，运动员专长技术使用的频率较高，这也是观察对方运动员进攻方法值得注意的一个方面。

二、散打运动员的注意力

散打运动员的注意力是指在训练环境和比赛环境中，运动员心理活动的指向、集中到具体对象的程度。指向是人心理活动中的反映对象具有方向性；集中是人的心理活动不离开反映对象的深入性。指向和集中在人体心理活动中客观存在，与运动员专项竞技能力的反映有紧密的联系。就散打来说，运动员进攻、防守、反击是否能够获得成功，与是否集中注意力有着直接关系。

（一）提高训练的注意力

心理学研究证明，所有的知识都要通过注意力来获得。在散打训练中，注意力是关系到训练是否达到效果的重要保证。散打是一个对运动员智能、技能、体能、心理四个方面综合素质要求的非周期性运动项目，特别是在智能和技能的培养上，运动员需要接受和巩固大量信息。运动员各种技法动作的掌握，各种技法在实战中目标、位置、姿态的动态调节，各种技法相生相克动作条件反射的形成并达到自动化的程度，专项动作速度、力量的提高等训练内容，依靠的主要是重复训练法。在训练中，任何方法都是有利有弊的，有些能力和素质在提高的同时，肯定会带来一些负面的影响。重复训练法最大的作用就在于促进运动员的记忆痕迹，使其快速建立、巩固、提高动作技术的动力定型和动作条件反射的能力。

重复训练法最大的缺点就是大量重复的动作显得单调、乏味，容易造成注意力下降，容易产生厌倦的情绪，造成训练质量下降，从而导致训练效果的减弱，适得其反。运动训练的实践反复证明，运动员在训练过程中，注意力对训练内容的指向和集中的程度越高，训练就越有效果。运动员的专注的注意力可以让观察更敏锐、让思维更活跃、让记忆力更深、让想象力更丰富；可以促进神经系统的兴奋，增大肌纤维的收缩力，导致反应速度敏捷、动作速度加快等。教练员在指导训练的过程中要充分发挥自身能力，从口令、指挥、讲解都要发挥出个人水平，从训练内容和训练手段的安排，从运动员训练的严格要求等方面，努力做到使运动员在训练过程中对所有的训练内容都能够保持注意力的专心致志。

（二）感知对方的注意力

散打比赛中，运动员互相使用技法必须遵循相生相克的基本原则。相生相克是依据客观事实，对方的企图和行动是相生，自己针对性的对策和动作是相克，相生在前，相克在后。比赛中，运动员企图发出动作的信息，通过其本人注意力的表现方式可以看出来。双方运动员在准备进攻的时候，主要看对方注意力的指向和集中在什么地方，指向和集中可以通过对方的眼神和相应的姿势状态来判断。

一般来讲，双方的目光和余光盯住的部位肯定是其想要进攻的部位。同时，身体姿势状态变化也是因为准备发出进攻动作而变化，变化的目的是为即将发出的动作提供方便的条件。当对方的注意力放松时，一般是在这一阶段不会发出动作；当对方的注意力迅速集中和靠拢时，对方肯定会即将发出动作。观察对方的注意力就是探明对方的内心活动和行动企图，有针对性地采取措施，把比赛掌握在自己手中。

比赛时，由于多方面的因素，运动员经常会出现注意力分散的情况，比如教练员的指导手势，比赛牌的分数信息，比赛时间的信息，现场观众的呐喊等，都能干扰到运动员的注意力。运动员思想活动离开了注意对象的瞬间，容易造成意识模糊、反应迟钝。出现这种情况，一方面运动员要主动利用对方注意力分散的时机主动攻击；另一方面运动员可以充分利用这个局面制造机会，故意做出麻痹、放松、走神的动作姿势状态，让对方认为自己比较“弱”，放松警惕，在此时突然发出进攻动作，可以起到“出其不意，攻其不备”的作用。

（三）分散对方的注意力

散打运动员注意力的表现有两个明显的特征。一个是运动员形成的常规技法和特长技法，比赛中有着很高的使用率，运动员对这些技法的注意力越强，同时防守、反击这些技法的动作越熟练。双方运动员进攻技术和反击技术的同步发展，增加了类同进攻技法的难度。另一个是运动员注意力的指向和集中过度以后，容易被对方的动作所诱导，造成双方都采用类似的套路，即对手怎么进攻我也怎么进攻，对手怎么反击我也怎么反击。这样产生的结果毫无意义，对于比赛结果是毫无作用的，也不能表现出散打技法与技法之间相生相克的对应关系所产生的无限技巧。

根据以上这两方面特征，可以通过灵活多变地使用不同技法和攻击不同目标的具体措施，分散对方的注意力，增加对方运动员观察、判断、反应难度，从而达到使用技法击中对方的目的。

散打运动具有空间活动范围大的技术特点。首先是技法动作运用的空间活动范围大，各种拳法、腿法、摔法都可以用；另一个是进攻目标的空间活动范围大，击中头部、躯干和肢体都算得分。因此，运动员可以灵活多变地运用多种技法，可以上、中、下三路交叉变换攻击目标。不论是处于什么样的预备姿势，不管是何种拳法、腿法、摔法，不论是正面、侧面、转身的使用，不管是进攻头部、躯干还是下肢，都可以结合对方的位置情况，灵巧多变地使用技法和变换攻击目标。动作变化和攻击变化的目标越大，分散对方注意力的作用就越大，对方进行准确观察、判断、反应的难度也就越大。反复变化的攻击技法和攻击目标，最大特点就是充分分散对方的注意力，这样才可以为进攻的有效性创造有利的条件。运动员要做到这些必须不断地提高各种技法动作的操作能力，必须依靠智能、技能、体能、心能的全面发展来支撑。

三、散打运动员的思维力

散打运动员的思维力，是指认识人体运动做功规律、运动项目活动规律和竞技能力训练规律，从间接的到概括的，从感性认识到理性认识，从现象到本质反映的深入的程度。虽然通过运动员思维过程反映的结果应该是对客观事物一般规律和本质规律的正确认识，但是由于主观和客观的原因，运动员对各种规律会存在不同的认识，不同的认识形成了运动员不同的思维能力。思维不同的原因是发现、分析、解决问题的水平，探索、钻研客观事物付出的心血和努力的程度有个体差异。客观原因是运动规律和训练规律本身涉及的内容不但繁杂而且隐蔽性强，正确地认识、归纳、总结、运用进行综合思维的难度大。

（一）技术思维

技术思维是指散打运动员在学习技法动作时，全面、合理掌握各种技法动作进行认识的反映过程。运动员要全面掌握技术，即熟练地掌握所有散打技法。运动员对于各种技法动作是否全面掌握，与运动员对不同技法动作存在不同功能理论认识的广度和深度有关。有的运动员技战术水平单一，自认为“一招鲜、吃遍天”，往往就会比较重视简捷的、常用的技法动作，容易忽视复杂的、使用技巧要求高的技法动作的训练。散打技术的最大特点，就是在人体格斗不同的姿势状态下，在不同的时间和空间内都有不同的各种技法动作可以使用。如果运动员没有全面掌握各种技法，在比赛中大家都使用简单常见的技法，不仅得分效果差，体现不出散打的风格，比赛也没有观赏性。特别是运动员的竞技能力达到一定的水平之后，不断加深非常用技法的理论认识，不断拓宽技法使用的空间，是提高运动员技能水平的重要途径。

合理掌握技术指的是运动员每完成一个动作，都要符合人体生理机制的原理、运动生物力学的原理、相生相克的原理和竞赛规则的原理。散打的技法是运动员参加比赛时运用的，高水平运动员的对抗中，动作技术要求得越高，技术细节要求得越是精益求精，有时差之毫厘就会失之千里。因为动作技术的合理性和有效性是完全一致的，动作技术越合理，击打、摔打的效果就越好。由于散打技术动作复杂多变，全面掌握比较困难和运动员竞技能力的要素可以“互为补偿”的原因，所以运动员往往会忽视动作的合理性。因此，在散打比赛中，时常发生动作技术粗糙和明显有悖于技术合理性的问题。其根源就在于缺乏用人体生理机制的原理、运动生物力学的原理、相生相克的原理和竞赛规则的原理，对动作技术进行理性的思维或认识。

(二)运用思维

运用思维是指运动员在比赛环境中，准确、有效地运用技法动作进行认识的反映过程。运动员全面掌握动作技法，技术质量好，熟练程度高，但这只是掌握了比赛的手段，并不等同于在比赛中能够有效地进行运用。从训练的角度来分析，基本技术训练的主体主要是提高运动员整体完成动作的数量和质量;运用能力训练主要是用来加强运动员依靠动作条件反射能力建立的行动对策。基本技术训练和运用能力训练的本质特征不同,进行理论思维的对象也不同。运用思维的对象主要表现在基本技术的攻击目标、动作位置、姿势状态的动态调节,在选择时机、选择技法、选择部位,在内动打抢攻、小动打迎击、大动打反击的行动方案上。

运用思维的理论依据还是相生相克的原理。因为,散打技术体系的形成是建立在相生相克的理论基础之上的。人体所运用的格斗技术系无论是拳法、腿法和摔法,在整体上互相之间是相生相克的,但是并不等于每一个技法互相之间都具有最佳的相生相克的对应关系。技法运用思维的准确性要求运动员在散打的技术体系中,不断寻找、认识和掌握每一个技法相生相克对应关系最佳的一种或几种行动方案,从而制定出固定的训练方案进行练习,直至达到熟练的地步后,才有可能在比赛中反映出来。技法运用思维的有效性是对运动员使用技法结果的最终检验标准,任何动作都要符合散打的竞赛规则,任何技法使用的目的都是为了有效地击中、摔倒对方,技法与技法相互之间相生相克的对应关系越合理、越准确,击中、摔倒对方的效果会越好。

(三)战术思维

战术思维是指运动员在比赛过程中,了解对方运动员比赛行动的实际情况和针对性采用战术形式进行认识的反映过程。战术思维的过程包含了两方面,一个方面是对对方运动员使用的战术形式、存在的技术特长和薄弱环节能够迅速地进行了解;另一个方面是快速准确地分析和判断对方运动员当前采用哪种战术。在准确地分析、判断对方运动员当前的使用战术的基础上,要迅速地选择针对性的战术形式。

不同战术要在客观的条件下才能使用,从总体上来讲,不同的战术形式相互之间也是相生相克的。例如,多点战术可以破佯攻战术,佯攻战术也可以破多点战术;强攻战术可以破迂回战术,迂回战术也可以破强攻战术，等等。不同的战术形式相互之间谁能够克谁，问题的关键是在掌握战术形式的技巧和使用的先后次序上。

运动员或自觉或不自觉，或感性或理性，在对抗训练和实际比赛中，都会采取多种战术形式。提高运动员战术思维的能力，提高运用战术的效果，深入地理解和熟练地掌握每一种战术形式的基本含义、目的作用、行动方案、运用方法等，是散打运动员必备的素养。只有深入地理解和熟练掌握了不同的战术形式之后，才有可能在比赛中得心应手、从容不迫地进行运用。由于散打战术形式本身就是运动员的谋略和具体行动的综合体，其中既有智能的因素也有技能的因素，战术以谋略为主，技能以行动为主。比赛中的策略不是泛泛而谈，而是必须依靠不同的战术形式来完成，在比赛中，运动员对战术形式的运用，既是智能和技能水平的集中体现，也是思维力的主要表现。

第三节 散打运动员意识的培养与训练

意识在散打中的合理运用对训练者身体素质、格斗水平、竞技能力、思想意志等方面的提高具有很大的促进作用。然而，现实中时常出现有些训练者缺乏对散打的意识培养，主要体现在缺少对错误动作和方法的反思、忽视创新的重要性、缺乏合理的运用激励意识等现象，这些意识往往能帮助散打运动员在竞技水平上更上一层楼。

散打训练时，不能只训练不思考，运动员也不能只听教练的“教”，自己什么都不想。运动员要善于钻研与领悟，养成思考的习惯。要善于对散打动作的拳法、腿法、技战术等进行研究，对于个人动作的特点、技击性原理、力学原理、攻防内涵等都要有着充分的理解，做到触类旁通。

一、反思意识在散打中的应用

(一)技战术的反思

进行散打的技战术训练时,要善于进行及时的反思和总结,这样才能更多地发现自己在哪方面存在不足,并及时地进行改进。部分散打运动员的每次技术动作失误都是犯了同样的错误;有的散打运动员比赛中战术运用不恰当却从来不反思;有些散打运动员满足现状,不思进取,对于技战术能否再更上一个档次从未主动思考。重复性地犯同样的错误或是在原地踏步,自然而然也就不能取得实质性的进步,所以,每次训练或比赛中,对于存在的技战术瑕疵或缺陷等都要进行反思,这对于个人提高十分重要。如有的训练中的一些坏习惯和小毛病,要把它提前消灭在摇篮里,如若形成思维定式,将很难再改正。

在每次比赛后,运动员都要对战术效果进行反思和总结,查找本次运动后的主要问题是什么,从而制定出更加高效灵活的攻守战略。制定战术方案时,首先要考虑战术的针对性和实效性,其次还要考虑攻守转换的灵活性、可行性以及能否发挥运动员自身水平等。教练员要知道每个人的身体条件都不相同,不能一味地让每一名运动员都掌握相同的战术,要结合每个人的特点为其量身定制出一套符合其长远发展的特长技术。因而只有不断对技战术进行反思以及有针对性的进行改进,训练者才能够取得更大的进步。

(二)训练方法的反思

俗话讲:"方法不对,努力白费。"这就说明了训练方法的重要性。训练方法不当,不仅会浪费时间,还会造成身体上的损伤、效率上的低下、比赛失利等,因此要多对训练方法应用的合理性进行思考。有的运动员流了汗,付出很大的辛苦,却始终没有取得实效性的突破；有的训练腿法盲目地进行力量训练而忽略速度爆发力的训练，结果导致身体协调能力下降，影响了整体运用的发挥；练习力量时，大多是在身体充分放松的前提下进行的。然而有的运动员使劲加大强度，而忽略身体的恢复性训练，结果身体肌肉僵化，这对肌肉的弹性及身体协调性的发展有着极大的阻碍；有的散打运动员由于训练方法使用不当，引起额外的损伤等。由此可见及时对训练方法进行反思和改进至关重要。训练科学化在于科学地运用训练方法解决训练过程中发生的各种问题，进一步挖掘运动员的潜力。在训练中科学的训练方法不仅能起到事半功倍的成效，同时也能极大地促进训练者竞技能力的发挥，因而训练者应重视加强对训练方法的科学应用。

（三）借鉴反思

通过借鉴其他运动员的训练或比赛视频，总结其失败的教训，能大大弥补个人经验的不足。多看、多想、多思考别人失败或成功的原因，然后对自己动作的不足之处进行反思，做到尽早发现问题，尽快解决问题。日常训练的交流中，要留心观察其他优秀选手在动作技能、练习方法、战术思维等方面的优点，在与自己相比时要认真看清自己哪方面有差距，力争将不利于训练的因素降到最低限度。

二、创新意识在散打中的应用研究

（一）技术创新

创新是运动的灵魂，也是运动员获得新价值的必备工具。散打的进步离不开科学的创新，可以是对于旧技术再改进，也可以是新的训练技术的发明。动作速度的快慢决定技术水平的高低，直接影响着比赛成绩。动作速度的训练应从提高动作爆发力和大脑的兴奋性等方面入手。比如，进行周期性摔法技术训练中，要突出动作的速度和力度，可选用不同重量和高度的沙袋，然后训练者运用各种摔法对不同重量的沙袋进行快速反复性的模拟训练；可对不同摔法进行数字编号，然后通过报数字的方式让训练者选择出相应的摔法以提高大脑的反应能力。

科技随着时代发展而不断进步，随着散打规则的改变，散打技术也越来越创新和进步。新的规则让比赛更有看点、更有观赏性，但同时也对散打训练者综合能力提出更高的要求，因而散打运动员要充分利用好比赛规则，及时改进自己的技术，以便于适应新的规则。如在进行散打组合动作训练时，为了整体的连贯性，可采用分解练习法来加强各单项技术的完善，然后再进行整体动作技能的提高性训练；新规则鼓励比赛者积极进攻，因而在平常训练时应该加强对各种快攻与防守技术的应用与创新，在进攻和防守中灵活切换。

（二）战术创新

散打战术，是指运动员根据比赛的具体情况，为战胜对手而采取的计策和方法。运动员通过散打训练把所获得的体能、技术能力、心智能力等综合地运用到比赛中，用最佳的战术方案规划比赛，夺取胜利。

在比赛时要善于运用敏锐的观察力，灵活调整战术方案。每名运动员都有缺点，善于发现其弱点，果断地采取相对应的攻略，就能在比赛中占据上风。可通过观察对手的性格特征选择相应的打法，若对手脾气较暴躁，就可以通过麻雀战术袭扰对方，引发其情绪上的波动，分散其注意力，寻找最佳时机予以反击；对付心理素质差、技术相当的选手可采用穷追猛打的战术，以强大的攻势来强突对手的弱点以获取比赛的主动权；对付个子高的选手以近身搏击为主，可使用佯攻战术来迷惑对手迫使其防守，进而找准时机迅速进攻。同时还可采用体力战术、突袭战术、空间战术等进行实战模拟练习。

此外，在比赛前可尝试一些佯装的战术，如表情或眼神的训练以达到上看下打、声东击西的战术特效；也可巧用动作的灵敏性诱导对方失误或犯规，进而获取得分。只有不断地对战术进行改进与创新，才能彰显出自己独特的战术风格，才能在比赛中占据更多的优势与主动权。

（三）训练方法创新

散打训练中，训练方法的创新对运动员训练效率的提高起到了积极的推动作用，新的训练方法能让运动员改变对以往传统训练枯燥乏味的态度，产生更积极的态度。

比如，腿法中高鞭腿和后鞭腿的训练可采用橡皮筋加以辅助练习，根据橡皮筋的数量加以调整，改变力量的大小，以此来提高腿部的力量和爆发力；在摆拳动作的训练上，可借助哑铃、拉簧等来提高出拳的速度和力量。

有的运动员经常出现紧张、胆怯、情绪低落、缺乏自信等不良心理反应，这很容易导致比赛还没开始，就已经有失败的倾向。在赛前能否进行恰当的心理训练安排，直接影响到运动员在比赛中的发挥及胜负。因而在比赛前使用一些高效的心理训练方法进行练习必不可少。有的运动员害怕在众多观众面前比赛，因此可以提前安排适应练习，以促进运动员心理调控能力和适应能力的提高；教练员可安排其与不同级别、不同打法特点的高水平运动员进行切磋，以提高其心理抗压能力及应对能力。

同时，运用意念训练法、心理暗示法、情绪调整法、阶段训练法等一些新型训练方法对运动员的心理能力进行训练也能起到很好的作用。此外，器材创新也可带动训练方法的创新，可有针对性地改进或研制新的训练器材，通过器材创新来实现训练效率的提高。

三、激励意识在散打中的应用研究

（一）正面激励

在训练或比赛中合理运用鼓励和奖励，有利于提高训练者的正能量，激发其拼搏的动力，使其在失败边缘能够逆转乾坤，在意志消沉时能够精神焕发。如在鞭腿动作爆发力的训练中，有时要进行几组甚至几十组大负荷量的负重练习。连续摆动大腿大量消耗运动员的体力，此时运动员身心处于极度疲劳状态。如果没有坚定的意志，则很容易就会掉队，被别人反超，咬紧牙关激励自己要加油，信心就会更坚定，坚强就会战胜懒惰。比赛场上，面对比自己强的对手，最重要的是不断地激励自己要有斗志和信心。值得注意的是，有时候重复使用相同的正激励方法，如一直喊加油来给自己鼓劲，可能会带来听觉或心理上的疲劳，反而实现不了预期效果，甚至可能造成消极的后果。因而在正激励的应用上要注意激励的方式应随着时间、地点、天气、比赛规模的大小、对手实力的强弱等因素的变化进行合理的调整，做到灵活运用。此外，教练员可采用语言激励法、物质奖励法、人文关怀、表扬等方法对不同水平的选手采取及时有效的奖励和鼓舞，从而使运动员获得更多的训练动力和信心。

（二）反面激励

在训练和比赛中，运用批评的方式或手段来影响自己也算是一种激励的方法。比如在自己获得了比赛胜利和诸多称赞时，不能居功自傲，要激励自己这仅仅是万里长征的第一步，只是获得了一小步的胜利，不该沾沾自喜、得意忘形，告诫自己要戒骄戒躁再接再厉继续奋斗。也可通过惩罚的方式，激励自己在训练中不要出现迟到、偷懒、不求上进等现象，从而达到自我反省的结果。

教练员也可适当地采用激将法、警告法、纪律处分等方法来创造一种令人不快或带有压力的气氛，进而促进运动员主动的刻苦训练。通过适当的反面激励，对增进训练者的训练意识及精神动力也可以起到很好的促进作用。

第七章　散打运动员技法训练研究

散打运动员应熟练掌握相应的散打技术，并且能够在实战中灵活运用。具体而言，散打运动员应该熟练掌握各种步法、进攻技法、防守技法以及防守反击技法。本章主要对这几方面的技法及其训练进行研究。

第一节　散打运动员步法技术训练

一、步法技术分析

（一）滑步

1.前滑步

后脚掌蹬地，前脚稍离地向前滑出 20～30 厘米，后脚随之跟进相同距离，身体重心保持在两脚之间，整个动作完成后仍为原来的姿势（图 7-1）。

2.后滑步

前脚掌蹬地，后脚稍离地向后滑出 20～30 厘米，前脚随之后退相同距离，身体重心保持在两脚之间，整个动作完成后仍为原来的姿势（图 7-2）。

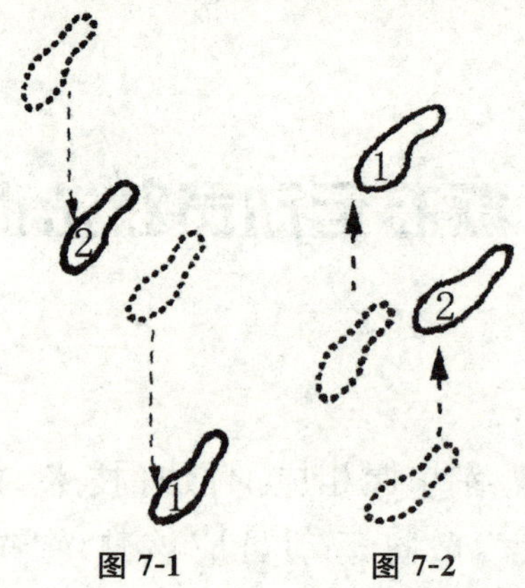

图 7-1　　　　图 7-2

（二）垫步

从预备姿势开始，重心前移，后脚蹬地向前脚内侧并拢，随即前脚屈膝提起，根据情况使用蹬、踹腿法；上动不停，在使用腿法的同时，支撑腿随蹬（踹）腿向前再垫出一步，脚跟斜向前（图 7-3）。

在运用垫步时，为了能够取得理想的步法运用效果，要注意以下两个方面：首先，后脚向前脚并拢要快，前腿提起的动作与后腿的并拢动作不脱节，不停顿；其次，配合后腿的垫步要与腿法同时完成，但要注意垫步时不能腾空，为加大力度和充分伸展，踹出后的支撑腿脚后跟必须斜向前方。

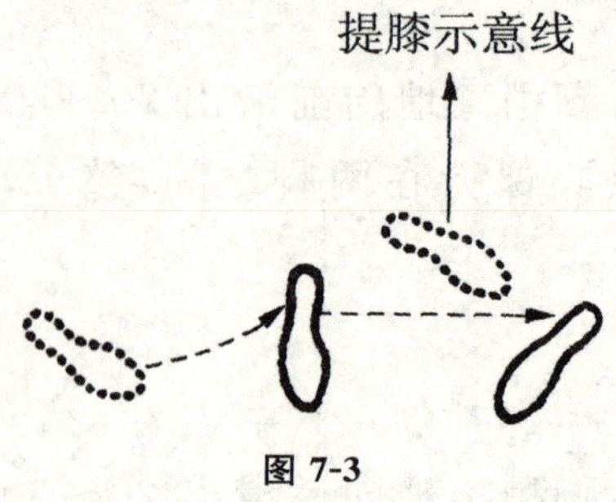

图 7-3

(三)纵步

以前纵步为例,从预备姿势开始,两脚同时蹬地,使身体向前或向后移动(图 7-4)。在运用纵步时,为了能够达到理想的步法运用效果,要注意以下几个方面:首先,启动前不宜过分减低重心,不然容易暴露动作意图;其次,动作主要靠脚踝的力量向前纵出,但不宜过于腾空;再次,向后纵步,动作要领与向前纵步相同,但方向相反。

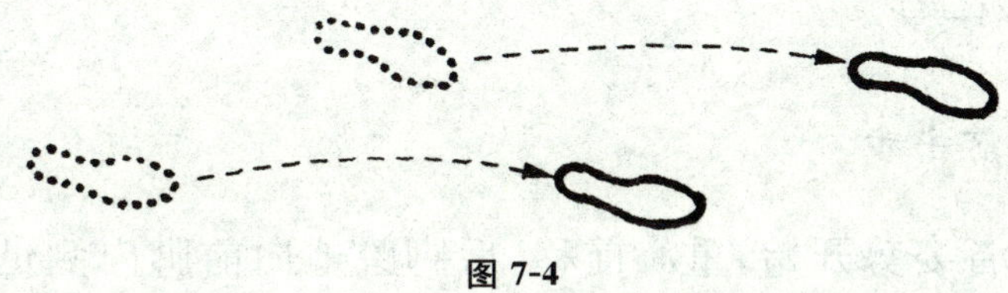

图 7-4

(四)交换步

从预备姿势开始,前后脚同时蹬地稍离地面,在空中左右腿前后交替,转体 120°左右,同时两臂也做前后体位的交换,完成动作后成与原来相反的预备姿势(图 7-5)。在运用交换步时,转换时要以髋部力量快速带动两腿交换,同时身体不能腾空过高,否则就会影响步法的运用效果。

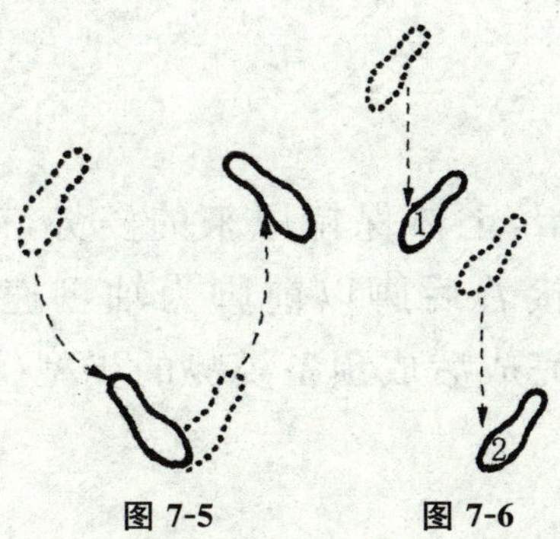

图 7-5　图 7-6

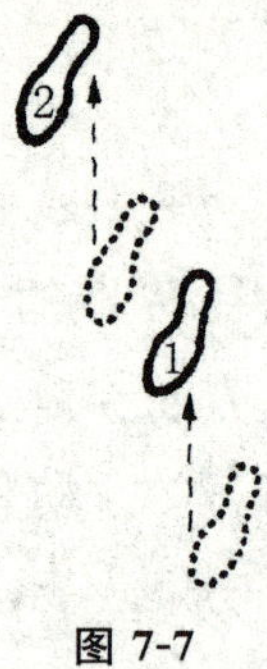

图 7-7

(五)击步

1.向前击步

从预备姿势开始,重心前移,后脚蹬地向前脚内侧迅速靠拢,在后脚着地的同时前脚向前方迅速跃出,着地后两脚成预备姿势步型(图 7-6)。

2.向后击步

从预备姿势开始,重心后移,前脚蹬地向后脚内侧迅速靠拢,着地后两脚成预备姿势步型(图 7-7)。

(六)闪步

1.左闪步

从预备姿势开始,上体保持原来的姿势,前脚向左侧迅速蹭出 20～30 厘米,紧接着后脚以前脚为轴迅速向左滑动,角度在 45°～90°以内,动作完成后成预备姿势的步型(图 7-8)。

2.右闪步

从预备姿势开始,后脚向右方横向蹭出,随后以髋部带动前脚向右侧滑动,身体转动一般在 60°～90°之间,动作完成后成预备姿势(图 7-9)。

需要注意的是，此步法也常常用于侧闪防守时，其中，关键的动作是转体闪躲。因此，为了能够较好地躲闪对方的正面进攻，侧闪步的同时要转体，否则就会影响步法的运用效果。在运用击步时，不能腾空过高，两脚动作要依次、连贯、快速。

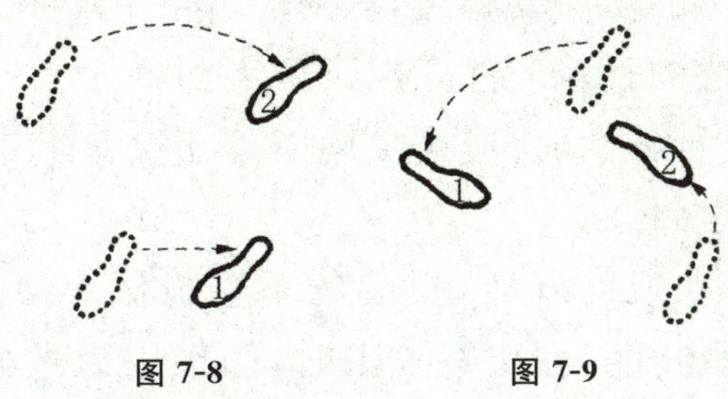

图 7-8　　　　图 7-9

二、步法技术训练

（一）散打步法的技术要求

灵活的步法能够调整身体重心，维持身体的平衡，使得运动员在进攻和防守中处于优势地位。散打的步法技术要求有如下几方面：

1. 步法要“活”

步法要“活”，就是指步法的移动和转换要灵活敏捷。在散打比赛过程中，步法应灵活多变，轻松自如，使得对方难以把握我方的重心变化规律，使得对方进攻判断困难。要有灵活敏捷的步法，需要良好的腿部力量，膝关节和踝关节的弹性要好。另外，在准备姿势站立时，两脚之间应保持合适的距离。

2. 步法要“快”

步法要“快”，即步法移动的速度要快。步法移动速度快，才能够快速躲避对方的进攻，以迅雷不及掩耳之势发动攻击。在实战过程中，双方会保持一定的距离，在进攻时，就需要通过步法来接近对方，达到有效的进攻距离之后发动进攻。另外，在进攻之后还要能够迅速后撤。

3. 步法要“稳”

散打运动员的步法要稳定，这对于其在比赛中的发挥具有重要的意义。步法的稳定应注意以下两方面：

首先，在进行移动时，应避免两腿处于交叉状态，尽可能使身体处于力学稳定状态。

其次，在进攻或防守时，重心的垂直投影不要超出支撑面过多，以免失去稳定性。在出拳攻击时，如果用力过猛，就会导致重心过度前移，从而步法不稳，给对方以反击的机会。

4. 步法要“准”

步法要“准”即为步法的移动要具有准确性。通过进行准确的步法移动，能够为进攻和防守创造良好的时机。在进攻时，如果步法移动不到位，则进攻效果就会不佳；如果防守时步法不准确，则会给对方以可乘之机。把握步法移动的准确性，主要取决于运动员的时空感觉能力，这种能力的获得有赖于长期的训练实践和不断摸索总结。

（二）步法的训练

步法训练的方法很多，主要方法有如下几种：

1. 个人练习

在学完相应的步法之后，通过个人的反复练习，反复揣摩，体会要领，巩固技术。开始可专门练习一种，待技术熟练以后，可把几种步法组合练习，以适应实践中的各种变化。

2. 结合信号练习

教练员或陪练人员可以运用掌心、掌背的朝向或手指的数量,或规定的某一个动作等为信号,要求练习者根据信号做出相应的步法,巩固步法,提高反应能力。

3. 两人配合练习

两人保持一定的距离。一方可随意做出各种步法动作,另一方则需要模仿对方的步法动作或做出与对方相反的步法动作,如一方进步,则另一方退步。通过练习来提高运动员的反应能力和步法移动的准确性。

4. 结合攻防动作练习

结合攻防动作进行步法练习,是提高步法移动实效性的主要方法,也是提高上下配合、整体协调的重要手段。可与各种拳法、腿法等结合在一起进行练习。

5. 实战中练习

在掌握相应的步法之后,可在实战中进行巩固和提高,使得运动员掌握步法移动的时间、速度、幅度等,发现自身的不足,积极进行改进。

第二节　散打运动员进攻技术训练

一、拳法及其训练

实战准备姿势:以正架式为例,两脚左前、右后开立,略比肩宽,两脚尖微内扣,两膝微屈,重心在两腿之间,前脚掌内侧与后脚脚跟内侧在一延长线上。两手左前、右后握拳,拳眼均朝上,左臂弯曲,肘关节夹角在90°～110°之间,左拳与鼻同高,右臂弯曲,肘关节夹角小于90°,大臂贴近右侧肋部,相距约10厘米,身体侧立，下颌微收，闭嘴合齿，面部和左肩、右拳正对对手。

散打的实战姿势需从实战出发，因此，要便于进攻和防守，并便于移动。另外，还要注意姿势不可太低，重心控制在两脚之间，两手坚护躯体，注意防护头部，尽量缩小暴露给对手的部位。

（一）直拳

直拳又称为“冲拳”，其技术动作分析和训练如下。

1. 直拳技术分析

(1)左直拳击头

从基本搏斗姿势开始，右脚掌蹬地，使重心快速前移到左脚上，身体右转，右脚跟稍向内转一下，在转体同时，探左肩，左臂迅速向前伸出，力量集中在拳头顶部，在击拳瞬间应该感到肩部有催劲。左膝稍弯曲一下。右手防护下颌，肘部防护身体；左手击打完成后应尽快收回成开始姿势（图 7-10）。

图 7-10

(2)右直拳击头

从基本搏斗姿势开始，以右脚前脚掌支撑蹬地，同时脚跟外转，把蹬地力量传至全身。身体随左后转，旋右臂向前沿直线冲出，在接近目标刹那合肩，将拳握紧。随出拳瞬间，重心移在左脚上，全脚着地。右脚微向左脚踵跟进，右膝靠近左膝。收左手防护头及上体(图 7-11)。

(3)右直拳击上体

从基本搏斗姿势开始，重心移向右脚，以右前脚掌为支点，用

图 7-11

力蹬地，身体随之左后转；重心前移到左脚，全脚着地。在身体左后转的同时，左膝屈约 100°～130°。重心在后脚。与转腰同时，右手臂沿直线向前冲出。左手护头，肘护肋（图 7-12）。

图 7-12

图 7-13

(4)左直拳击上体

从基本搏斗姿势开始，重心移至左脚。左脚微向里扣，脚跟微外转，左膝屈成 110°～120°。重心向左脚移动。右脚蹬地，身体随之右转。同时左臂沿直线快速冲出。右手防护不变（图 7-13）。

2. 直拳技术训练

(1)以实战姿势站立，进行原地直拳空击练习。注重动作的规范性，体会动力发力。一般运用自身力量和速度的30%～50%进行练习。

(2)进行行进间左右直拳空击练习，配合前滑步和后滑步。这一训练是运动员在对技术动作有了初步的了解之后进行的训练。这时的训练应注重攻防，实战姿势应做好防守，滑步直拳完成进攻。

(3)进行左右直拳打固定手靶练习。在进行练习时，应注重动作的规范性，同时运动员还应提高击打力量，培养击打感觉。还应做好动作与呼吸之间的配合，在攻击时吸呼气、牙齿咬合。

(4)直拳进攻打手靶练习。练习时拳法与腿法应一致。教练员应将手靶放在身体范围内，提高进攻距离意识。

(5)直拳打沙包练习，提高击打力量。

(6)左右直拳打手靶迎击和反击练习。陪练人员在拉近距离时应与实战相一致。

(7)直拳反击鞭腿练习。陪练人员进行鞭腿攻击，运动员在对方鞭腿攻击已经做出，但是尚未接触自己时完成直拳反击。

(8)直拳反击掼拳练习。陪练人员进行掼拳攻击，运动员俯身躲过，进行直拳反击。

(二)掼拳

掼拳又称为“摆拳”，其技术动作分析和训练如下：

1. 掼拳技术分析

(1)右掼拳击头

从基本搏斗姿势开始，右脚尖蹬地，脚跟微外转，身体随之猛向左拧转，右臂由侧横向成弧形摆动。边摆边前冲，再加上肩部动作一起向击打方向送出。身体重心略移到左脚。击打后，身体稍降低，微向左侧偏，以防身体前倾失去重心、暴露弱点。击打的刹那左肩比右肩略低。击打完成之后，右前手臂应与地面平行。击打后的右手不要离开身体过远。左手保护下颌(图 7-14)。

图 7-14

(2)右摜拳击上体

从基本搏斗姿势开始，上体向右转。同时身体微俯，右拳屈臂横向向左击出。边出拳边抬肘，碾脚，蹬地，转体带臂，重心左移。拳触目标时向里推击，防止对方把腹部绷紧。击后迅速成开始姿势。

(3)左摜拳击头

身体重心移至右脚，随之向右转体带臂，左肘微屈，使左拳前送并成横向从左向右摆动。同时左脚蹬地，脚跟微外转，随之全脚掌着地，左膝屈约 110°～120°。右手保护下颌(图 7-15)。

图 7-15　　图 7-16

(4)左摜拳击上体

重心右移，两膝微屈，重心下降。同时身体及腰部向右突转带动左手臂(左臂微屈)将拳成横向朝对方上体击出。右手保护头部(图7-16)。

2.掼拳技术训练

(1)以实战姿势站立,进行原地掼拳空击练习。注重动作的规范性,以自身力量和速度的30%～50%进行练习。

(2)滑步左右掼拳空击练习。实战姿势注重防守。注重动作的规范性。

(3)掼拳与直拳组合空击练习。左手掼拳+右手直拳组合练习;左手直拳+右手掼拳练习;左手掼拳+右手直拳+左手掼拳练习;右手直拳+左手掼拳+右手掼拳练习。由原地练习逐渐过渡到配合步法的练习。组合动作应具有较强的整体性,要一气呵成。以上组合是一些典型例子,可在实际训练中灵活进行动作组合。

(4)组合技术打靶练习。左手掼拳+右手直拳打手靶练习;右手直拳+左手掼拳打手靶练习。左初练时可打固定手靶,熟练之后可突然举起手靶,锻炼其快速反应攻击能力。

(5)掼拳反击技术练习。进行直拳、掼拳、鞭腿、正踢腿等攻击的反击练习。

(三)勾拳

勾拳又称为“抄拳”,其技术动作分析和训练如下:

1.勾拳技术分析

(1)右勾拳击头部

从基本搏斗姿势开始,重心微降,右脚前脚掌蹬地,重心移至左脚。上体略向击打方向伸直,腰微左转、前送,借转体力量带臂(臂屈约45°～80°)将拳自下而上,用挺展力量击出。击打刹那间拳心向内。

(2)右勾拳击上体

从基本搏斗姿势开始,身体重心移至右脚,体位略下沉。右脚猛蹬地,使腰部突然微左转挺展带动手臂将拳由下向上抄起,击打对方腹部,同时重心移至左脚。一般随出拳向前跨一步(图7-17)。

图 7-17　　图 7-18

(3)左勾拳击头

从基本搏斗姿势开始,重心移向左脚,体位微下沉,腰部和左腿瞬间挺直,借挺展力量带动手臂,将拳由下往上抄起。击打刹那间,拳心朝内。

在运用此拳法时,既可以直接击头,也可用于当对方右直拳击己方头部时,己方向右侧闪,同时用左勾拳击对方头部。需要注意的是在运用时,为了取得较为理想的效果,要注意动作的标准性。

(4)左勾拳击上体

左勾拳击上体的动作方法与左勾拳击头基本相同,不同之处在于左勾拳击上体的身体弯曲度加大(图 7-18)。

2. 勾拳技术训练

(1)以实战姿势站立,进行原地勾拳技术练习。运用自身力量和速度的 30%～50%,注重动作的规范性。

(2)行进间滑步勾拳练习。注重动作质量。

(3)勾拳打固定手靶练习。

(4)组合技术练习。左直拳＋右勾拳;左勾拳＋右直拳;左掼拳＋右直拳＋左掼拳；左掼拳＋左勾拳＋右直拳；右直拳＋左勾拳＋右掼拳；左直拳＋右直拳＋左掼拳＋右直拳＋左勾拳。以上组合是一些典型例子，可在实际训练中灵活进行动作组合。动作要与步法配合，组合要具有较强的整体性。

(5)组合技术打手靶练习。右手直拳＋左手勾拳；右手勾拳＋左手掼拳等练习。

(6)攻防练习。持手靶进行直拳攻击，练习者躲过后进行勾拳反击打靶；在缠抱状态下，进行勾手反击。

(四)转身鞭拳

1.转身鞭拳技术分析

(1)右鞭拳击头

从基本搏斗姿势开始，以左脚为轴，右脚后插步，身体右后侧转体，同时右拳横扫，随之以肘为轴，猛甩腕翻拳，用拳背击打对方头部(图 7-19)。动作完成之后恢复成实战姿势。

图 7-19

(2)左鞭拳击头

从基本搏斗姿势开始，先以左脚为轴，右脚向前上步，身体向左侧转体，再以右脚为轴，左脚经由后侧向前上步，转身左拳以肘为轴横扫，猛甩腕翻拳，用拳背击打对方头部。

2.转身鞭拳技术训练

(1)以实战姿势站立，进行转身鞭拳练习。注重技术动作的规范性，认真体会动作路线和发力方法，运用自身力量和速度的30％～50％。

(2)进行行进间鞭拳练习，注重动作的节奏。

(3)转身鞭拳打固定手靶的练习。注意进攻距离的控制。

(4)组合拳法空击练习。右手直拳＋上步转身左鞭拳练习；左手直拳＋撤步转身右鞭拳练习；右手直拳＋左掼拳＋转体右鞭拳练习；左手直拳＋右手掼拳＋上步左鞭拳练习。注重步法的协调和重心的控制。

二、腿法及其训练

散打的腿法包括正蹬腿、侧踹腿、鞭腿、后蹬腿、劈腿、转身摆腿等。这里主要就正蹬腿、侧踹腿、鞭腿等技术及其训练进行分析。后蹬腿、劈腿和转身摆腿只进行技术的分析，其训练可参考前几种腿法的训练。

(一)正蹬腿

1. 正蹬腿技术分析

支撑腿微屈，另一腿蹬地屈膝上抬，脚尖微勾起，展髋向正前方猛蹬冲。同时上体微后倾，髋前送，右脚触及目标瞬间全身肌肉绷紧，力达足跟，再次发力用前脚掌点踏(图 7-20)。

图 7-20

2. 正蹬腿技术训练

(1)以实战姿势站立,进行正蹬腿空击练习。注重动作的规范性,体会动作发力。以自身动作速度和力量的30%～50%进行练习。

(2)进行行进间正蹬腿练习。

(3)正蹬腿打固定脚靶练习。陪练人员注重实战距离的掌握。

(4)腿法战术组合动作空击练习。左正蹬腿＋右正蹬腿练习;左腿原地正蹬腿＋右腿正蹬腿进攻;左腿单跳步＋左腿正蹬腿练习等。

(5)拳法与腿法战术组合动作空击练习。左直拳＋右腿正蹬腿练习;左直拳＋右直拳＋左腿正蹬腿练习;左腿正蹬腿＋右直拳＋左腿正蹬腿练习;左摆拳＋右直拳＋左蹬腿练习。

(6)组合技术打靶练习。

(7)打沙包练习。

(8)攻防,模拟练习。

(二)侧踹腿

1. 侧踹腿技术分析

支撑腿脚尖微外转,腿微屈,侧对对方;另一腿屈膝高抬,脚尖自然勾起,脚外沿朝向对方,腿部猛然伸直,用脚掌沿直线蹬踹目标。发力瞬间转髋,加大旋转劲,以助腿部鞭打效果。踹腿时上体自然向相反方向倒体,踹腿越高倒体越大(图 7-21)。

图 7-21

2. 侧踹腿技术训练

(1)以实战姿势站立，进行侧踹腿练习。控制练习速度和力量在 30%～50%。

(2)进行行进间侧踹腿练习。

(3)侧踹腿打固定脚靶练习。陪练人员应注重实战距离。

(4)脚法组合空击练习。左腿侧踹腿＋右腿正踢腿练习；左腿正蹬腿＋左腿侧踢腿练习；单跳步＋左腿低位侧踹腿＋左腿高位侧踹腿练习；左腿正蹬＋右腿侧踹练习。

(5)拳法与腿法的组合练习。左手直拳＋左侧踹腿练习；左手掼拳＋右手直拳＋左侧踹腿练习；左侧踹腿＋右手直拳＋左腿正蹬练习；左腿正蹬反击＋左手掼拳进攻＋右手直拳进攻＋左腿侧踹练习。

(6)组合技术打靶、打沙包练习。

(7)攻防模拟练习。

(三)鞭腿与小鞭腿

1. 鞭腿技术分析

(1)鞭腿

前脚向前滑动一步,前移约 10~20 厘米,带动后脚前移,支撑身体重量。几乎在落步同时,屈膝向斜前抬大腿,带小腿,随之用力拧腰转髋,猛挺膝,横向由外向内用力踢出,力达足背(图 7-22)。

图 7-22

(2)小鞭腿

重心略后移,支撑腿微屈;另一腿抬起,快速向斜下侧弹出。上体自然朝踢击方向微转(图 7-23)。

图 7-23

2.鞭腿技术训练

(1)以实战姿势站立，进行鞭腿技术练习。控制自身力量和速度在30％～50％。注重动作的用力，注重展髋，支撑脚要充分转体。

(2)进行行进间左右鞭腿练习。注重动作质量和整体节奏。

(3)鞭腿打固定脚靶练习。注重实战距离的掌握。

(4)腿法技术组合空击练习。左踹腿＋右鞭腿练习；左小鞭腿＋左侧踹腿＋右腿鞭腿练习；右鞭腿＋左正蹬腿练习；左正蹬腿＋左侧踹腿＋右鞭腿练习；左单跳步＋左侧地位侧踹腿＋左侧踹腿＋右腿鞭腿。

(5)拳法与腿法组合空击练习。左腿小鞭腿＋右手直拳＋右腿鞭腿练习；右手鞭腿＋右手掼拳练习；左腿小鞭腿＋右手直拳＋右腿鞭腿；做单跳步＋右手直拳＋左腿鞭腿。

(6)组合打靶、打沙包练习。

(7)攻防模拟练习。

(四)后蹬腿、劈腿和转身摆腿

1.后蹬腿

后蹬腿动作突然，如果运用得当，则能够出奇制胜。左后蹬腿的技术动作如下：以实战姿势站立，右脚向前上步成实战姿势站立，同时身体迅速向左转体收腹团身，以右腿支撑身体重心，左腿屈膝提起，以脚跟为力点用力向后沿直线蹬出。

2.劈腿

劈腿即为由脚预摆提起然后由上而下、向前攻击的一种腿法。攻击力量大，但是动作幅度大，容易被对方反击。左劈腿基本动作技术为：以实战姿势站立，右腿向前垫步，同时左腿屈膝抬起，以右腿支撑身体重心，当左脚预摆超过头部高度时，迅速向下、向前劈落，力达脚跟或脚掌。

3. 转身摆腿

以左转身摆腿为例。以实战姿势站立，左脚向前上步呈右实战姿势，以右脚前脚掌为轴，脚跟外旋，身体像左后方转体，左腿随转体动作向后、向左前上方横摆，脚面绷平，力达脚跟或脚掌。

三、快摔法及其训练

（一）抓臂按颈别腿摔

对方用右掼拳或右直拳向己方头部击来，己方迅速向左微转体，用左前臂向左上架格挡住，左手下滑抓其腕部，随身体左转上右脚，用右腿别住对方右腿，右臂向左挟拧对方颈部时身体再向左拧转，左手用力向左后拉对方右臂，右臂向左下猛挟拧对方颈部，继续用力使对方倒地（图 7-24）。

图 7-24

（二）接腿搂颈摔

己方右脚在前，对方起右脚蹬己方上体时，己方用左臂由外向内抓其小腿，右手搂其颈部并外旋。左手猛力上抬对方右腿，右手继续向右后下方边搂边抓压，形成力偶，同时用右脚截其支撑腿使其倒地（图 7-25）。

图 7-25

（三）抱腿别摔

对方用左鞭腿击己方上体，己方迅速靠近对方，用右手从上抓其左脚腕，并屈左臂用肘窝夹住其左膝窝。随即躬身用左手由裆下穿，用左手掌扣住其右膝窝，右手往右后扳拉其左脚腕。身体右后转，同时下降重心，右手继续向右后扳拉，形成力偶，迫使对方瞬间失去重心而倒地（图 7-26）。

图 7-26

(四)抱腿压摔

对方用左鞭腿击己方上体,己方迅速靠近对方,用右手从上抓握其左脚踝,并屈左臂用肘窝夹住其左膝窝。右脚向右后撤一步,上体随之右后转并屈膝降重心。左臂夹紧其膝部,右手先向左后拽拉,后向上扳其小腿。左肩前靠,形成力偶,使对方向后倒地(图 7-27)。

图 7-27

(五)格挡搂推摔

对方左脚在前,用左直拳或掼拳向己方头部击来。己方用右手臂上架来拳,并屈臂顺势向右后经由对方左臂外侧由上往下滑动,用力卡住其左臂。上左腿,右手下滑至对方左大腿时,向回按扒,同时用左手猛推对方左胸部,使其失去重心倒地(图 7-28)。

图 7-28

(六)闪躲穿裆靠摔

对方左脚在前,用左直拳或掼拳向己方头部击来。己方迅速屈膝下潜,使对方击打落空。下潜的刹那,上右脚落于对方左脚后。同时用左手抓按对方的左膝,右臂沿对方左腿内侧伸进裆内,别住其右膝窝处,用头顶住对方胸部,上体用力向后猛靠使对方倒地(图 7-29)。

图 7-29

在进行摔法训练时,可进行分解、完整、空击模拟相结合的训练方法,其后再进行攻防条件下的实战强化。

第三节 散打运动员防守技术训练

一、防守技术分析

(一)拍压

拍压主要用于防守对方以直线手法或腿法向己方中、下盘进攻，如下直拳和蹬、踹腿等。左（右）拳变掌，以掌心或掌根为力点，由上向前下拍压（图 7-30）。

图 7-30

（二）拍挡

拍挡主要用于防守对方以直线拳法或横向腿法向己方上盘进攻。左架实战势开始（以下同），左（右）手以手腕为力点，向里横向拍挡（图 7-31）。

图 7-31

(三)外挂

外挂是指结合左、右闪步，挂防对方蹬、踹腿或横踹腿攻击己方中盘以下部位。实战势开始，以左手外挂为例。左拳由上向下、向后左斜挂，拳心朝里，肘尖朝后，臂微屈(图 7-32)。

在运用外挂时，需要注意左臂肘关节微屈，肘尖里收朝后，左臂向左后斜下挂防。这样往往能够取得较为理想的防守效果。

图 7-32

(四)里挂

里挂主要是指结合左闪步防守对方向己方正面或偏右以腿法攻击我方中盘部位。实战势开始，以左手里挂为例。左臂内旋，左拳由上向下、向右后斜下挂防，拳眼朝内，拳心朝后(图 7-33)。

图 7-33

(五)挂挡

挂挡主要用于防守对方以横向的手法或腿法向己方中、上盘进攻,如右(左)掼拳或左(右)横踢腿等。即用左(右)手屈臂向同侧头部挂挡(图 7-34)。

图 7-34

(六)外抄

左(右)手臂外旋弯曲,上臂接近垂直,前臂近似水平,手心朝上。同时右(左)手屈臂紧贴胸前,立掌,手心朝外,手指朝上(图 7-35)。

图 7-35

(七)里抄

里抄主要是抄、抱对方直线腿法或横线腿法向己方右侧攻击上、中盘部位,如正面的蹬、踹腿和左横踢腿等。左(右)臂微屈并外旋,紧贴腹前,手心朝上。同时右(左)手屈臂紧贴胸前,立掌虎口朝上，掌心朝外（图 7-36）。

图 7-36

（八）掩肘阻格

掩肘阻格主要是防守对方以由下至上的手法攻击己方中、下盘部位，如勾拳等。实战势开始，以左掩肘为例。左臂弯曲，前臂外旋，在腰微向右转的同时向内、向腹下滚掩，拳心朝里，以前臂尺骨下端（小指侧）为防守力点，含胸、收腹、低头（图 7-37）。

在运用掩肘阻格时，需要注意：上体含缩，两手紧护胸腹，以腰带臂，滚掩如关门闭户。否则防守效果就会受到一定程度的影响。

图 7-37

（九）提膝闪躲

提膝闪躲主要用于防守对方从正面或横向以腿法攻击己方下盘部位，如低踹腿、弹腿、低横踢腿和勾踢腿等。实战势开始，前腿（左前右后）屈膝提起离地（图 7-38）。

在运用提膝闪躲时，需要注意的是：重心后移，含胸收腹，提腿迅速，根据对方腿法进攻的路线和方位，膝盖分别有里合、外摆或垂直向上的变化。把握好这一点，通常就能够取得较为理想的防守效果。

图 7-38

二、防守技术训练

（一）个人模仿练习

在教练员进行讲解示范或个人自学教材之后，运动员首先进行模仿、体会动作的练习。在练习时，教练员应对动作进行及时纠正，掌握正确的技术动作。

（二）假设性练习

自己想象对手的进攻，然后做出相应的防守动作。通过这种方式练习相应的防守动作，运动员能够建立正确的条件反射，形成巩固的动力定型。

（三）不接触的攻防练习

在教练员或教师的帮助下，以规定进攻动作为信号，间隔一定距离，不接触身体，习练者根据信号做出相应的防守动作。这种方法的优点在于可消除练习者的害怕心理，降低其紧张的情绪，保证动作质量，提高反应能力。

(四)接触的攻防练习

两人一组,进行攻防练习。进攻一方的用力大小、速度快慢等要根据防守方的能力来进行控制。在练习时,可原地进行练习,也可进行移动中的练习。可在原地练习的基础上进行行进间的练习,促进步法的掌握。

(五)防守反击练习

在初级阶段,进行防守练习是尤为重要的。随着水平的提高,应将防守与反击结合在一起进行训练,提高运动员的实战能力。应避免进行单纯的消极防守。

(六)实战练习

实战练习即是双方进行比赛和对抗练习,通过比赛和竞争的形式在紧张、激烈的情况下进行训练。通过实战训练能够提高运动员的实战防守能力。

第四节 散打运动员防守反击技术训练

一、防守反击技术分析

防守反击技术是武术散打技术中的一种主要技术,是在练习者掌握了进攻技术与防守技术的基础上进行的,是一种复合技术。在比赛或实战训练中,运动员在防守的同时不失时机地反击对手,或者在进攻对方的同时,做出相应的防守再予以反击,才能在比赛中变被动为主动,时刻控制比赛的节奏。

(一)拳的防守反击

1.后手拍挡—前直拳

对手以前手直拳进攻我头部,我采用右手拍击防守,左直拳随之进攻对手头部的反击。拍击不宜过早,动作要短促有力,反击要快速。

2.前手拍压防—后手掼拳

从预备姿势开始,对手用右直拳进攻我腹部,我前手向下拍压防守,随后用后手掼拳向对方头部反击。拍压防守与进攻动作尽量同时完成。

3.左侧闪—前直拳

从预备姿势开始,对手用直拳进攻我头部,我向左侧闪,同时出左直拳攻击对方头部。侧闪与进攻要协调一致,同时完成。

(二)腿的防守反击

1.左提膝防守—左侧踹反击

在实战中,对方运用小鞭腿攻击我方下肢,我方准确判断,提膝防守,并以左腿侧踹对方的头部进行反击。提膝防守要及时,并有一定的缓冲,反击要快。

2.后滑步—右小鞭腿反击

对方运用左小鞭腿攻击我方大腿,在准确判断对方意图之后,进行后滑步防守,同时以右小鞭腿反击对方大腿。后滑步躲闪的距离要适中,防守反击转换要快。

3.左撤步防守—左鞭腿反击

对方运用右小鞭腿技术攻击我方大腿,我方准确判断对方意图，左腿向后撤步躲闪，而后迅速以左鞭腿反击对方头部。攻防转换动作要迅速。

（三）手加腿的防守反击

1. 前腿提膝—后直拳—前小鞭腿

从预备姿势开始，对方用前低鞭腿攻击我前小腿，我提膝防守后，用后手直拳进攻对方头部，然后用小鞭腿攻击对方小腿部。提膝防守判断要准，反击的组合技术要连贯有力。

2. 前手下拍压—后手直拳—后正蹬腿

从预备姿势开始，对方用侧踹腿进攻我胸部，我用前手臂向下拍压防守，随后用后直拳攻其面部，用正蹬腿攻其胸部。拍压要有力，直拳与正踹要连贯。

（四）拳、腿、摔组合的防守反击

1. 拍击—下潜—抱腿摔

从预备姿势开始，对方以左右直拳向我进攻，我用右手拍击防守对方直拳，随即下潜防守对方右拳，同时抱对方腿部，将其摔倒。应准确进行判断，下潜与抱腿要同时完成。

2. 搂腿—右手直拳—勾踢摔

在实战过程中，对方运用右鞭腿攻击我方大腿或躯干，我方在准确判断对方动作意图的前提下上步搂腿防守，同时以右手直拳猛击对方面部，接着再以左勾踢将对方摔倒。直拳力量要大，破坏对方的身体平衡。

（五）反反击

反反击是散打技术中的一种关键技术，是现代散打运动员必须具备的一种重要技能，它是在积极主动的进攻对方的过程中，能够根据对方的反击动作，再伺机反攻对方的一种打法。体现出了第一击和最后一击的攻击技巧，以攻取最佳得分效果。提高反反击能力对运动员提高技术水平有着至关重要的作用。

以下便列举两种常见的反反击技术加以说明。

1. 左直拳(对方拍击防并右直拳反击)—下潜—抱腿摔

从预备姿势开始，出左直拳进攻对方头部，对手左手拍击防守后用右直拳反击我头部，我则迅速下潜躲闪防守，用抱腿摔技术再反击对方。

2. 左正蹬(对方后退闪并左侧踹)—外挂防—右直拳

从预备姿势开始，我以左正蹬腿进攻对方胸腹部，对方采用后退躲闪后，随即起左腿侧踹腿反击我胸部，我则采用外挂防住对方侧踹腿后，再以右直拳反击对方头面部。

二、防守反击技术训练

(1)教练员对相应的动作进行准确讲解，在此基础上指定一名运动员持手靶或脚靶，另一名运动员进行进攻强化训练。

(2)双方戴手套和护具的前提下进行轻接触的反应训练。

(3)在开放的条件下进行实战训练。

第八章　散打运动员功法与战术训练研究

拳语云:“练拳不练功,到老一场空。”武术散打运动中有很多练力强身的功法训练,这些功法能够使运动员身强体壮,拥有良好的耐力和体力,打拳踢腿威猛有力,重若千钧。如果运动员只练技术不练功法,就会在实战中不堪一击。因此,功法训练对于散打运动员而言至关重要。此外,战术训练也是散打运动训练的重要内容,运动员只有具有一定的战术意识,掌握良好的战术技巧和战术能力,才能有效制胜对手。本章主要就散打运动员功法与战术训练进行研究,旨在促进散打运动员专项技能和竞技能力的全面提高。

第一节　拳功训练

一、桩功训练

(一)健身桩

1.高位健身桩

双脚左右开立同肩宽,圆裆松胯,开胸实腹,沉肩坠臂,舒指活腕,虚静含颌,闭眼正容,合齿舔腭。

2. 低位健身桩

双脚左右开立同肩宽，屈膝 120°～150°，圆裆松胯，开胸实腹，沉肩坠臂，舒指活腕，虚静含颌，闭眼正容，合齿舔腭。

健身桩每次练习 20 分钟左右。健身桩训练能够激发运动员的“内气”，促进筋络畅通，达到强身健体之功效。

(二)实战桩

1. 定位实战桩

双脚前后开立，左脚在前，右脚在后，右脚跟稍抬离地面，稍屈双膝，松胯敛臀，含胸裹背，圆裆收肛，拔颈实腹，双臂弯曲于体前环抱(左臂屈肘大于 90°，右臂屈肘小于 90°)，左臂前置，右臂回收下颌处，双眼注视前方。

2. 晃动实战桩

双脚前后开立，左脚在前，右脚在后，右脚跟稍抬离地面，稍屈双膝。松胯敛臀，含胸裹背，圆裆收肛，拔颈实腹，双臂于体前环抱(左臂屈肘大于 90°，右臂屈肘小于 90°)，左臂前置，右臂回收下颌处，身体前后方向移动，重心随之晃动，双眼注视前方。

实战桩每次练习 25 分钟左右。通过实战桩训练，能够使运动员气血通畅，身形更加灵活敏捷，下盘更加稳固，架式愈发合整、平衡。此外通过这一功法练习，还能够促进运动员攻击力、抗击力和实战耐力的提高。

二、肩功训练

(一)压肩练习

两人面向对方开步而立，双脚距离同肩宽，伸直手臂相互交搭在对方肩上，上体前俯身，双膝伸直，有节奏地进行上下振压肩练习，要求挺胸、抬头、塌腰，双眼注视前方。

(二)拉肩练习

一方双腿屈膝保持马步姿势，抬头挺胸，十指交叉对握，双臂伸直向上举到头顶；另一方在其背后双腿呈弓步姿势，左手直推其颈部，右手将其双手向下扳拉，进行下拉肩练习，双眼注视前方。

(三)转肩练习

两人面向对方开步而立，双脚距离同肩宽，伸直手臂相互交搭在对方肩上，上体前俯，双膝伸直，进行左右拧身转肩练习，要求挺胸、抬头、塌腰，双眼注视前方。

(四)扳肩练习

一方双腿屈膝保持马步姿势，抬头挺胸，双臂直肘反搭在对方肩上，另一方站在其背后，微屈双膝。同时双手将其肩部向下扣扳，进行扳肩练习，双眼注视前方。

(五)过肩练习

双脚开步而立，收腹挺胸，双手分别持短棍或短绳一端，直臂由体前向体后进行过肩练习，双眼注视前方。

(六)锁肩练习

双方面向而立，均保持右弓步姿势，一方上体俯身，头顶在对方腹部，双手直肘反抬上举，同时对方双手将其肩部环抱并向内锁压，进行锁肩练习，双眼注视前方。

以上每项肩功练习每组15～20次，共3～5组。肩功训练要求双方互相配合，保持协调，要适度用力，双方可互换练习。通过肩功练习可促进散打运动员肩部灵活性和柔韧性的提高，从而避免发生肩部损伤的情况。

三、揉功训练

(一)揉肩练习

双方右脚在前,左脚在后,错步斜对而立,均用右小臂外侧于体前互相贴触,左手臂自然下垂,接着双方右臂以肩关节为轴,顺时针(或逆时针)缠绕旋转,走大立圆,进行对揉肩部练习,双眼注视对方。

(二)揉肘练习

双方以开步姿势面向而立,右脚在前,左脚在后,均用右小臂外侧于体前互相贴触,左臂自然下垂,接着双方右小臂以肘关节为轴顺时针(或逆时针)缠绕旋转,走中立圆,进行对揉肘部练习,双眼注视对方。

(三)揉腕练习

双方以开步姿势面向而立,右脚在前,左脚在后,均用右手背于体前相互贴触,左臂自然下垂,接着双方右手以腕关节为轴,顺时针(或逆时针)缠绕旋转,走小立圆,进行对揉手腕练习,双眼注视对方。

以上每项揉功练习每组 20 次,共 3～5 组,左右手互换练习。

揉功训练有助于促进运动员上肢灵活性的提高,从而能够使运动员在实战中达到“知己知彼,随变即化”的境界。

四、空击训练

空击训练能够使散打运动员对绝打技术要领、动作路线、打击作用、用力次序等更加熟练,能够促进运动员绝打技法质量的提高，促进运动员正确绝打技术动力定型的形成。

运动员可以面对镜子进行空击训练，从而清楚地观察自己的动作是否正确，并且及时加以修正，直至准确完美。训练时，练习者可采取慢速与快速、半力与全力、单拳空击与组合拳击打、定步空击和移步空击等多种形式相互融合为一体进行训练。

散打空击训练方法主要有以下几种：

（一）徒手空击练习

无论是散打运动中的哪种拳法，都适合采用徒手空击的形式进行练习。练习次数与组数因人而异，一般是每组 20～50 次，共 3～8 组。

空击训练要安排在慢跑、四肢操、呼吸功等热身练习之后，旨在提高机体的兴奋度，降低肌肉内部的黏滞性，避免在训练中出现拉伤、撕裂伤的情况。

（二）持哑铃空击练习

双手各持一个哑铃进行原地或移步空击出拳练习，先进行慢速出拳练习，刺激肌力增长；再进行快速出拳练习。

(1)直拳空击。

(2)勾拳空击。

(3)摆拳空击。

(4)劈拳空击。

(5)鞭拳空击。

(6)栽拳空击。

快练每组 10～30 秒，共练习 10～20 组；慢练每组 1～3 分钟，共练习 5～10 组。

（三）系沙绑臂空击练习

在左、右小臂上分别系上沙绑臂，然后进行负重练习，刚开始练习时以定步空击练习为主，然后再进行移步空击练习，随着练习水平的提高,沙绑臂的重量可由轻至重变换。同时可结合单击拳法与组合拳法进行练习,从而促进发拳速度和实战耐力的提高。

(1)直拳空击。

(2)摆拳空击。

(3)勾拳空击。

(4)劈拳空击。

每种拳法每组 20～50 次,共练习 3～5 组。

五、击物训练

(一)打小沙袋练习

在树桩上捆绑小型沙袋,用各种散打拳法击打小沙袋,以此来促进出拳速度、力度及拳面硬度与落拳准确度的提高。

(1)直拳打袋。

(2)摆拳打袋。

(3)勾拳打袋。

(4)弹拳打袋。

以上每种拳法每组练习 20～50 次,共练习 3～5 组,双手需互换练习。

(二)打大沙袋练习

在拳功训练中,打大沙袋训练是非常重要的训练内容,主要用来锻炼散打运动员的出拳速度、灵活性、打击力度、距离感、应变能力以及拳面硬度等。打击沙袋练习分两种形式,一是沙袋固定式练习,二是沙袋摆动练习。

(1)直拳击沙袋。

(2)勾拳击沙袋。

(3)摆拳击沙袋。

(4)鞭拳击沙袋。

(5)栽拳击沙袋。

以上每组练习1～3分钟,共练习6～10组。

打沙袋练习中对以下几个要点要多加注意：

第一,固定好沙袋悬挂的钩链,选择宽敞、平整的场地练习。

第二,练习前做好准备活动,手指、腕关节、肩肘、腰部是重要活动部位,练习中要戴好手套和护手带。

第三,击打沙袋时要采用正确的技术动作。

第四,打沙袋时要出手松,落手紧,肌肉一张一弛,保持肌肉的持久力和打击力。

第五,不要击打十分坚硬的沙袋,否则容易造成损伤。

第六,合理选择沙袋悬挂的高度,用吊绳来调节沙袋高度,一般沙袋底部与练习者脐部等高。

第七,初练时,选择小沙袋练习,随着练习水平的提高,选择中、大沙袋练习,配合身法、步法、防守等内容进行练习。

第八,长期击打沙袋后,将沙袋解下来,平放在地面滚动,使内部的充填物松动、均匀,使其保持一定的弹性。

第九,打沙袋练习后做一些整理活动。

六、击破训练

(一)高位俯卧撑练习

双手撑地,双手间的距离与肩同宽,双脚放在高位台阶上,肘关节屈伸进行俯卧撑练习,双眼注视前方。每组练习15～20次,共练习5～8组。

高位俯卧撑练习中,要求身体平起平落,手臂连贯有力地屈伸,呼吸自然。

(二)顶砖练习

双脚前后开立保持弓步姿势,右拳面顶挤墙体上竖放的且高于头位的硬砖，左拳屈肘回收腰间，双眼注视右拳。每组练习1～3分钟，共练习5～8组。

顶砖练习要求有力准确地顶砖，蹬地转腰，撑臂直腕发静力，力达拳面，意气力相合。顶砖数量由少至多，左右拳互换练习。

（三）推砖练习

双脚左右开立，屈膝保持马步姿势，双手各持捏两块砖，由腰间向体前依次旋臂直肘推出，推出高度与肩齐平，一手前推的同时，另一手回收腰间，双眼注视前方。每组练习20次，共练习3～5组。

推砖练习中，要求有力牢固地持砖，推砖旋臂发力，意气力相合。推砖速度由慢至快。

（四）破砖练习

双腿屈膝蹲身保持跪步姿势，右拳由上至下连续猛击体前摆放的横砖，争取将砖击破，同时左拳置于体前，眼睛注视右拳。每组练习10次，共练习2～3组。

破砖练习要求架砖稳固，沉身下冲拳快准有力，蹬地屈膝合胯发力，力达拳面，意气力相合。运动员要在精熟拳功后进行破砖练习，以免手部受伤。同时在练习中还要将布垫、毛巾、书本等缓冲物铺在砖上，以避免手受伤。

（五）拳面硬度练习

拳面硬度练习主要锻炼运动员的周身静止力量及拳面硬度。

1. 单拳撑身

（1）身体直立侧倒，并拢双脚，头向上，左手握拳顶撑墙体，右手臂在体侧横向伸展，眼睛注视前方。

（2）双脚并拢，蹬触墙体，身体直立侧倒，头向下，右手握拳顶撑地面，左臂于体侧伸展，眼睛注视前方。

左右手轮换进行。

2. 双拳倒立

双拳支撑地面，两拳之间的距离同肩宽，左右脚依次向上摆动贴靠墙体，双腿伸展，并拢双脚成倒立，眼睛注视下方。

3. 双拳悬身

双脚交叉在地面盘坐，左右拳分别支撑于身体两侧，手臂伸直使身体悬空，进行静力练习，眼睛注视前方。

以上每个动作每组练习 1～3 分钟，分别练习 3～5 组。

进行拳面硬度练习时，要求紧握双拳，直肘支撑有力，力达拳面，收腹挺胸，直膝挟腿，自然呼吸。起初可戴手套进行练习，随着练习水平的提高，可赤手练习。

七、抗击训练

散打运动员抗击打能力的强弱会直接影响其在比赛中的成绩。在激烈的散打比赛中，双方都会有被击中的时候，如果运动员抗击打能力低，便会被对手击伤或击倒，因此而失去比赛机会。所以抗击训练在散打训练中至关重要。

（一）直拳击头

双方以左实战姿势迎面对站，甲方以右直拳击打乙方额头，乙方进行抗击练习，沉身闭气。

（二）摆拳击肋

双方以左实战姿势迎面对站，甲方以右摆拳向乙方侧肋击打，乙方向上举双臂，进行抗击练习，沉身闭气。

（三）直拳击胸

双方以左实战姿势迎面对站，甲方以左直拳向乙方胸部击打，乙方向上举双臂，进行抗击练习，沉身闭气。

（四）弹拳击面

双方以左实战姿势迎面对站，甲方以右弹拳向乙方面颊击打，乙方双臂于体侧下垂，进行抗击练习，沉身闭气。

（五）劈拳击头

双方以左实战姿势迎面对站，甲方以左劈拳向乙方头部击打，乙方双臂于体侧下垂，进行抗击练习，沉身闭气。

（六）勾拳击腹

双方以左实战姿势迎面对站，甲方以左勾拳向乙方腹部击打，乙方上举双手臂，进行抗击练习，沉身闭气。

抗击训练中，要求乙方沉身稳固，有力抗击，甲方要以对方能够承受的击打力度为依据来发拳击打，控制击打力度。左右拳互打，双方可互换角色进行练习。通过此功法练习，可以促进运动员抗击打能力和实战胆力的提高。

八、器械训练

（一）吊环练习

身体自然垂立，双手扣握吊环，双脚交叉勾盘，屈肘引体向上，直至头与环保持在同一高度，双眼注视前方。每组练习 10～15 次，共练习 3～5 组。

在吊环练习中，练习者双手要用力握杠。身体保持垂立，不要憋气。通过此练习，可促进运动员上肢双臂肱二头肌的力量以及胸背肌力的增强。

(二)杠铃练习

1. 伸肘上举

双脚左右开立,脚间距离同肩宽,双手屈肘均衡正握杠铃在体前,双臂伸展将杠铃向上举到头顶,反复进行练习,双眼注视前方。

2. 屈肘前举

双脚左右开立,脚间距离同肩宽,双手均衡将杠铃反握在腹前,双臂屈肘将杠铃上举到胸前,反复进行练习,双眼注视前方。

3. 提杠耸肩

双脚左右开立,脚间距离同肩宽,双手对握杠铃中段,双臂自然下垂,将杠铃置于腹部,然后耸肩提杠,反复进行练习,双眼注视前方。

4. 握杠俯身

双脚左右开立,脚间距离同肩宽,双臂屈肘均衡正握杠铃,将杠铃举至肩背上,然后上体下俯、起身,反复进行练习,双眼注视前方。

5. 俯身划船

双脚左右开立,脚间距离同肩宽,上体前俯,双臂直肘在体前下方均衡正握杠铃,然后连做立圆轨迹划船式练习,注意杠铃不落地,反复练习,双眼注视前方。

6. 握杠转腰

双脚左右开立,脚间距离同肩宽,双臂屈肘于脖颈后均衡正握杠铃,向左、右方向转腰,反复进行练习,随着身体的左右转动而移动视线。

7.挑举杠铃

双脚前后开步保持高位斜马步姿势,右手握杠铃一端,左手握杠铃中段,将杠铃置于体前,双脚蹬地挺身,两臂向上举杠铃直至杠铃高于头位,反复进行练习,双眼注视前方。

以上每个动作每组练习10～20次,共练习3～5组。

杠铃练习要求练习者牢固有力地抓握杠铃,动作准确有力,自然呼吸。练习中,杠铃重量可由轻至重变换,练习组数与次数可不断增加。通过该练习,可促进运动员腰背力量、胸腹肌力的提高。为保持更好的训练效果,需系统、全面地练习,并隔日进行力量练习。

(三)单杠练习

双手横握单杠,双手间的距离同肩宽,身体自然下垂或双脚交叉勾盘,屈肘引体向上,直至下颌过横杠,眼睛注视前方。每组练习10～15次,共练习3～5组。

在单杠练习中,要求练习者双手有力握杠,身体垂立,呼吸保持自然。通过此练习,可促进运动员上肢双臂肱二头肌力量以及胸背肌力的增强。

(四)双杠练习

双手直肘握撑双杠,双脚交叉勾盘,然后进行屈伸肘臂练习,双眼注视前方。每组练习10～20次,共练习5～8组。

双杠练习中,要求练习者连贯有力地屈伸肘臂,上体垂立起落,呼吸保持自然。通过此练习,可促进运动员上肢双臂肱三头肌力量及胸背肌力的增强。

第二节　腿功训练

一、空踢训练

空踢训练可以使运动员对散打精踢技术要领、动作路线、踢击作用、用力次序等有进一步的熟悉，能促进散打运动员精踢技法质量的提高，使其建立正确的动力定型，形成完全自动化的腿技。散打运动员可以面对镜子进行空踢训练，从而清楚地观察自己的动作是否正确，哪些地方需要修正，直至动作达到准确完美的程度。空踢训练的练习次数与组数要因人而异，一般每组练习8～10次，共练习3～5组。

散打运动中，任何一种腿法都适合采用空踢的练习形式进行训练，如凌空飞踹、高鞭腿、下劈腿、低位侧踹腿等空踢练习。训练时，练习者可采取慢速与快速、半力与全力、单腿空踢与组合腿空踢、高位腿与低位腿空踢、定步空踢和移步空踢等多种形式相互融合为一体进行训练。

一般在柔韧练习后安排空踢训练，或在慢跑、四肢操、呼吸功等热身练习之后安排空踢训练，旨在通过热身，提高运动员的机体兴奋度，使肌肉内部的黏滞性降低，避免发生拉伤、撕裂伤的现象。

二、踢物训练

在散打腿功训练中，踢物训练这一方法最常用、最见效。训练中，可将地置沙袋、吊式沙袋、脚靶、手靶、腰靶、胸靶、巨型香蕉靶、立式弹簧球、墙体、高低木桩、树干等作为踢击对象。通过踢物练习，可以提高运动员的踢击力度、硬度以及准确性、协调性和平衡性,使运动员对正确的着力点、时间感、节奏感、实战感等加以掌握,从而具备更好的实战能力。

踢物训练分为踢静止目标训练和踢移动目标训练两种形式。示靶时,应将顶力示靶和顺力示靶结合起来,全面提高腿技功效。练习次数和组数要循序渐进地增加,具体要因人而异。踢物时,要将目标想象成对手,并进入实战角色状态,全力以赴练习。同时左右腿要互踢,单腿和组合腿齐练,从而获得更加平衡与全面的发展。

(一)踢击铁杠练习

面对铁杠站立,将铁杠想象成对手,采用各种腿法(如鞭腿、蹬腿、踩腿、踹腿、旋摆腿等)进行踢击练习,同时双手配合下肢练习,双眼注视铁杠。每组 10～20 次,共练习 3～5 组。

踢击铁杠练习要求练习者准确踢击,由轻到重用力,初练者戴护脚、护腿进行练习,或在铁杠上缠绕缓冲物,避免发生损伤,当练习水平提高时,再赤脚进行练习。

(二)踢脚靶练习

1.固定脚靶踢击法

在粗树干或木桩上捆绑单个或多个脚靶,使练习者进行单腿或组合腿(低鞭腿、踩腿、高鞭腿、中踹腿、低踹腿等)踢击脚靶练习,练习时,双手随动体周,双眼注视动力腿。每组腿法可进行3～5组练习,每组 10～20 次。

固定脚靶踢击练习中,要求捆牢脚靶,且靶位要呈多样性,以便提高练习者的实战能力。练习者要通过身法、步法的移变将“死靶”踢活,发力要爆猛。

2.移步脚靶踢击法

两人一组练习,一方持单个或双个脚靶在移动中变化出示各种靶位，另一方用各种腿法（低鞭腿、高鞭腿、高踹腿、转身后蹬腿等）踢击靶面，同时双手随动，眼睛注视脚靶。进行单靶、双靶、定位、移位等多种方式的练习，左右腿交换练习，每次练习时间大约为 25 分钟左右。

移步脚靶踢击练习中，要求示靶者快捷有力地出靶，踢靶者要迅速做出反应，踢靶凶狠，劲力通透。

（三）踢沙包练习

空阔干净、平整的场地上悬挂大小适中、轻重适宜的皮质沙包。练习者面对沙包，利用散打各种腿法（鞭腿、弹腿、蹬腿、旋摆腿、踹腿、钉腿、后撩腿、点腿等）进行踢击练习，眼睛注视动力腿。每种腿法练习 3～5 组，每组练习 10～15 次。

踢击沙包时，练习者要做好充分的准备活动，集中注意力，把握踢击节奏，初练时还要戴好护膝、护脚，防止发生损伤。

（四）踢树桩练习

面对大树站立，想象树桩就是对手，用各种散打腿法（蹬腿、踩腿、踹腿、劈腿等）进行踢击练习，同时双手随动体周，双眼注视树桩。每种腿法练习 2～4 组，每组 15～20 次。

在踢树桩练习中，要求练习者准确有力出腿，可单腿踢击，还可进行组合腿连踢。

三、负重训练

负重训练能够使运动员出腿和收腿的速度、力度快速得到提高，并且能够促进运动员平衡能力的提高。

散打运动中常用的负重练习方法有腿缚沙绑腿练习、脚套皮筋带练习、穿特制铁鞋练习等。采用负重练习方法时，一定要牢固地系好所缚物，防止其脱离伤到周围的人。练习中，以具体情况来安排练习次数与组数。一般可采用小数量、多组数练习。沙绑腿、铁鞋的重量可循序渐进地增加，以更好地贯彻由易到难、由轻到重的循序渐进训练原则。

需要注意的是，要在运动员具备了踢打技术动力定型后再运用各种负重练习方法来进行训练。

(一)杠铃练习

1. 跨蹲

双腿屈蹲呈马步姿势，将杠铃置于地面，双手前后握杠铃两端，上体直立，接着直膝上提杠铃，眼睛注视前方。

2. 深蹲

双脚左右开立，脚间距离同肩宽，双手握杠铃两端，将杠铃置于后颈背处，上体直立，屈膝下蹲进行深蹲练习，眼睛注视前方。

3. 箭步蹲

双脚并步而立，双手握在杠铃两端，将杠铃放在后颈背上，右脚向前上步，左脚掌蹬地，身体垂直下移进行箭步蹲练习，双眼注视前方。

以上动作每组练习 8～12 次，共练习 3～5 组。

杠铃练习要求练习者身体垂立，牢固握杠，练习重量由轻至重变化，练习次数逐渐增加，从而全面提高练习者的腿部力量。

(二)矮步练习

上体垂立，双腿屈膝蹲走，同时双手各持一个杠铃片进行负重矮步练习，双眼注视前方。每组移动 20～30 米，共练习 4～6 组。

矮步练习要求练习者蹲身沉稳，灵活移步，双手牢固持杠铃片，手臂前后自然摆动。

(三)皮筋练习

1.蹲身起立

将强力皮筋的两端分别踩在双脚下，将皮筋中段挂到头颈处，双臂握拳自然下垂，接着双腿蹬地，直膝站立，将皮筋抻展进行蹲身起立练习，眼睛注视前方。每组练习20～30次，共练习2～5组。

练习时要求双脚牢固有力地踩踏皮筋，上体垂立起蹲，呼气发力。

2.仰身蹬腿

仰卧，将皮筋两端分别套在两脚上，皮筋中段挂在头颈上，同时双臂在体侧屈肘握拳，双腿依次向前蹬抻皮筋，双眼注视两腿。每组练习15～20次，共练习3～5组。

要求双腿充分有力地蹬抻皮筋，头颈与脚形成前后争力，连贯有节奏地完成动作。

(四)沙绑腿练习

在左右小腿上系上沙绑腿(沙绑腿重量因人而异)，进行不同腿法的负重练习(负重侧踹、负重前蹬等)，同时双手随动于体周，双眼注视两腿。左右腿交替练习，每组练习10～20次，共练习5～8组。

要求出腿时腿法不变形，捆绑牢固。

(五)穿沙衣跑步

穿沙衣进行短距离20米、30米、50米，中距离200米、400米、800米，长距离2 000米、3 000米、5 000米的跑步练习，同时手臂自然摆动，双眼注视前方。

沙衣由轻到重，选择在平坦宽敞、空气新鲜的场地上练习，呼吸保持顺畅，动作应轻松富有弹性，最好进行多种距离轮换练习，以全面发展下肢力量与耐力。

四、平衡训练

散打运动员容易忽视平衡训练，因此实战对搏中，运动员在使用腿技踢空时，会因失去平衡而倒地，而且发腿时不注意自身平衡而被对手轻易反击倒地的情况也比较普遍。所以加强腿技的平衡训练非常有必要。

散打运动员在施发腿技时，要平衡稳健，这主要可以从发腿技巧和平衡功修炼两个方面来提高。发腿时要遵循以下几点原则：

(1)支撑腿牢固抓地。

(2)双臂摆动与腿的踢击方向形成争力。

(3)出腿时身体重心要保持平衡。

(4)发腿快出快收，保证出腿准确、有力、平衡、流畅。

散打腿技平衡训练法主要有以下两种。

(一)控腿练习

控腿是将腿定格在不同高度、不同方位的静力性练习。这种练习方法能够促进散打运动员腿部自控力、平衡力以及柔韧性的提高。在控腿练习中，控腿时间不等(10 秒～3 分钟)，时间越长，训练效果越好，练习中要注意两腿互换练习。

(二)活脚功练习

双脚左右开立，脚间距同肩宽，上体及双手臂自然摆动，双脚依次移动变化身体重心，用脚外侧、脚内侧、脚后跟和脚尖着地进行活脚功练习，双眼注视前方。每次练习 5～20 分钟。

练习中要注意，双脚在原地要灵活连贯移动，活脚功可反复循环进行静力练习和动力练习。

五、抗击训练

通过抗击训练能够使散打运动员的双腿更加坚硬，极具杀伤力，还可以使其腿部痛觉的敏感度降低。抗击训练有自身抗击练习和双人对抗练习两种形式。前者主要包括用双手拍打腿部、用小沙袋抽击腿部、酒瓶上下滚压胫骨、双腿相互盘踢或用圆木棒等。后者包括用木棒、橡胶管、排打弹板等物相互抗击腿部。

抗击训练中，由轻到重增加力量，由慢到快增加速度，由少到多增加数量，由小到大增加强度。切不可操之过急，乱打猛击，以防造成腿部伤损。

（一）木板拍击胫骨

屈膝跪步，上体稍向前倾，右手持木板上下拍击左小腿胫骨处，同时右手臂于体侧自然握拳，目视腿方。左右腿交替进行，每组练习 50～100 次，共练习 1～3 组。

练习中要注意，应选择平整有弹性的拍击木板，拍击力度以自身能够承受为宜。

（二）酒瓶滚压胫骨

右腿蹬在支撑物上，左腿直立蹬地，身体前倾，双手持酒瓶在右腿胫骨处上下反复滚压，目视腿方。左右腿交替练习，每次练习 10～15 分钟。

练习时要注意，有力连贯地进行滚压，双手要灵活自然地握酒瓶。

（三）二节棍拍腿

左腿屈膝下蹲，右腿伸直，脚尖上翘，上体稍向前倾，右手握胶质二节棍上下依次拍击右腿前内侧、外侧等部位，反复进行，同时左手卡在腰间，目视腿方。两腿交换练习，每次练习 10～20

分钟。

该练习要求准确拍击，用力以自身能承受为宜。

（四）跪跳练习

双腿屈膝下跪，上体垂立，双手上摆，同时身体向上跳跃，双脚落地呈半蹲式，双眼注视前方。因人而安排行走距离和跪跳次数，一般行走10～20米，跪跳次数每组10次，共练习2～3组。

该练习要求转腰摆臂，收腹挺身发力。初练时，可在草坪或软质地毯上练习，并佩戴护腿。

（五）对盘腿功练习

1. 盘腿功练习法

原地或行进间用右脚依次盘踢左小腿后部、前部、内侧、外侧及左大腿前部、后部，反复进行抗击腿练习，同时上体自然挺立，双手随动，目视脚方。每次练习20～30分钟。

2. 盘脚功练习法

原地或行进间用右脚依次盘踢左脚脚跟、脚内侧、脚外侧、脚尖及脚面，反复进行抗击脚练习，同时上体自然挺立，双手随动，目视脚方。每次练习20～30分钟。

对盘腿功练习要求盘踢腿有力准确地踢击，支撑腿扣趾抓地，身体沉稳，由小到大增加盘踢力量，由慢到快增加盘踢速度。

六、障碍训练

障碍训练是指发腿后穿过、越过、绕过不同障碍物的踢击方法，通过该方法可以锻炼运动员的胆量，促进其出腿准确性和自控力的提高。通常选用的障碍物有木凳、肋木、跨栏架、单双杠、擂台围绳间隙等。

障碍训练中，练习者面对不同障碍物，采用散打各种腿法（左踹腿、鞭腿、左右劈腿、踩腿、右踹腿等）进行穿绕障碍物练习，双手同时随动体周，目视腿方。左右腿互换练习，每组腿法练习 3～5 组，每组练习 10 次。

运动员在障碍训练中要专心致志，一丝不苟，发腿时先慢后快，等适应后以尽可能快的速度出腿。

七、实战训练

拳语云"既得艺，必试敌"，此语对实战的重要性做了突出的强调。实战训练具体包括条件实战训练、自由实战训练和比赛实战训练等几种形式。特别注意的是，运动员不仅要与本队队员进行实战，还要与其他队不同技战术风格的选手进行实战训练，从而提高自身的实战能力，积累丰富的实战经验。

散打训练中，要严格按照训练要求进行实战训练，教练员要在场监督指导运动员训练，避免运动员蛮干。初次进行实战训练时，应从条件分离式实战开始，之后逐步向接触实战过渡，最后进行自由实战和比赛实战训练。实战训练中应将腿之抢攻、防守以及防守反击等形式融合起来练习，并且有条件的还可以用摄像机拍实战场景，以便训练后分析、总结与改进技战术。

对于散打运动员而言，实战训练是检验和提高自身技战术的重要方法，同时也是总结和积累实战经验的最佳手段。实战训练中，运动员要集中精力，保持良好体能，在无伤病的情况下进行训练，否则会加重伤病，无法提高技战术水平。

散打教练要适时、适度进行实战练习，不能频繁安排实战训练，以免运动员产生心理障碍，给其带来伤害事故。实战对散打运动员的生理和心理承受能力有一定的要求。因散打激烈对抗程度较高，在互相踢、打、摔过程中，难免会出现轻微损伤，因此，在实战训练中，运动员要佩戴好护具，不能粗心大意，避免造成损伤。此外，运动员要正确对待实战中的胜败得失，及时调整心态，不要在一时的失利后就一蹶不振，影响之后的训练与比赛。

第三节 散打战术训练

一、散打战术形式

（一）多点战术

多点战术是指运动员采用多种技法进攻对方多个部位，立体交叉不断变化，进行全方位攻击的战术。多点战术是运动员在散打比赛中最为常用的战术形式之一。如果运动员采用单一技法进攻对方某一部位，很快就会被对方察觉，因此就会迅速被反击。而采用各种拳法、腿法变化性地全面攻击对方的头部、躯干、下肢、正面、侧面等部位时，可以最大限度地用动作调动支配对方的注意力，使对方手忙脚乱不知所措，从而提高成功率，掌握比赛主动权。多点战术要求运动员保持灵活的头脑，全面掌握散打技术，动作要敏捷，动作转换协调能力要好。

（二）佯攻战术

佯攻战术是指运动员采用调动法有意给对方造成错觉，把对方引入歧途后展开真实进攻。佯攻战术在散打比赛中也是最常见的一类战术形式，其能够为运动员主动进攻、防守反击创造出最佳的有利条件。

随着运动员技术水平的普遍提高，特别是在对对方的打法情况不了解，或者是在对付动作反应快、反击能力强的对手时，直接进攻容易被对方防守或反击。因此需要采用专门的调动法进行虚晃，指上打下、指下打上等方法，使对方注意力转移、分散，诱导对方产生某种错误的动作反应。如果成功使对方注意力转移之后，可快速主动进攻。如果对方产生反应先发出了进攻动作，可针对对方的动作进行反击。

（三）直攻战术

直攻战术是指运动员在没有用调动法进行掩护的前提下，直接使用技法进攻对方的战术。直攻战术的运用一般出现在以下情况中：

(1)当对方反击能力弱，自己发出的进攻动作对方只有招架之功，而没有还手之力时。

(2)当对方反应速度、动作速度、位移速度比自己慢时。

(3)当对方体力不支，发出动作的力量没有任何威胁时。

(4)当对方的动作姿势状态出现明显破绽时。

(5)当自己比分落后，而比赛时间不多时。

从以上适宜条件可以看出，运动员如果在进攻之前还犹豫不决，就是多此一举、浪费时间，很容易失去机会。

（四）强攻战术

强攻战术是指运动员强行突破对方的防守动作，连续不断进攻对方的战术。强攻并非胡打蛮干，而是强调通过强攻来发扬自己的特长，有效打击对方。强攻战术的运用一般出现在以下情况中：

(1)当自己的力量、速度、耐力素质比较好，而技术及比赛经验不如对方时。

(2)当对方耐力素质比较差时。

(3)当对方近战能力、心理素质、摔法能力比较差时。

（五）重创战术

重创战术是指运动员采用最大力量打击对方抗击能力差的部位，使其身体失去战斗力的战术。实施重创战术对运动员的身体、技术和其他条件有较高的要求，该战术一般在以下条件中使用。

(1)当自己的攻击力量和技术优于对方,但耐力素质比对方差时。

(2)当自己的攻击力量好而技术比对方差时。

(3)在比分落后情况下,靠正常打法很难挽回败局时。

(4)自己想保存体力而不想打持久战时。

实施重创战术时,要在竞赛规则允许范围内,寻找、制造机会,用重拳或重腿打击对方,给其生理和心理造成威慑,使其失去继续比赛的信心和能力。实施重创战术要注意以下几点要求:

首先,自己的拳法、腿法必须要有很大的功力。

其次,要抓准对方的身体姿势很难回避打击的状态。

最后,要果断、迅速、有力地出拳出腿,重点打击对方抗击能力差的部位。

(六)迂回战术

迂回战术是指运动员利用步法向对方两侧移动,寻找机会进行进攻的战术。

当对方运动员动作力量大,正面攻击火力强,或者对方的正面防守比较严密时,本方可采用迂回战术,向对方的左右两侧移动,从而避其锋芒,制造进攻机会,达到“以迂为直,以患为利”的目的。虽然弧线运动比直线运动长,但弧线运动又可以破直线运动。

运动员迂回前进可以调动对方随之转动,从而破坏对方的动作习惯,使其出现破绽,此时再施予攻击可收到良好的效果。运动员进行迂回时必须坚持“彼不动,自己动”的原则,在对方前进时迂回,同时要注意移动的位置,包括方向、角度、距离有利于连接发出攻击性动作,还要注意步法的灵活性和身体位移的突变性。

(七)突袭战术

突袭战术是指针对对方出现的容易被打击的习惯动作,抓住对方难以预料的机会进行攻击的战术。散打比赛时，运动员只要注意观察，就会发现对方会无意识地做一些习惯性的动作。对方在做习惯性动作时，思想上会放松麻痹。此时，要立即用技法迎击对方，给对方突然袭击，对方很难发出攻击性动作，因此，这时反其道而行之的行动很容易成功。实施突袭战术时要注意以下几个要点：

首先，运动员要有逆向思维的能力。

其次，运动员要准确、及时地发现对方无意识的习惯动作。

最后，运动员对对方无意识的习惯动作，要有相应技法进行攻击的动作条件反射能力。

二、散打战术训练

（一）丰富战术知识

了解和理解战术知识是散打运动员实施战术的基础和前提，战术知识是对于战术问题的理性认识，是运动员形成和强化战术意识、掌握战术行为和运用战术能力的理论基础。丰富运动员战术知识的方法有以下两种：

1.理论讲授

理论讲授的内容主要包括散打战术的构成、影响散打战术能力的因素、设计和运用战术的原则、不同战术形式的运用条件以及专项战术行动的方法等。

散打教练员要详细讲授以上战术理论知识，并结合比赛实际进行讲解。

2.观赏比赛

观赏比赛，尤其是观赏优秀散打运动员的对抗比赛是散打运动员学习战术知识的重要途径。在观赏时，教练员应有目的地安排运动员观看，并进行分析讲解。对于反映战术特点和应用战术较典型的比赛，可在赛后进行录像讲解。既要分析讲解运用战术的片段，又要将其和整场比赛连接起来，从局部与全局的角度出发去看问题，分析双方运动员在比赛中的得失，这样容易使运动员对战术知识建立起感性的认识。

观赏比赛重点在“观”，其次才是“赏”，既要精看，又要泛看。所谓精看，就是上面谈到的对反映战术特点和应用战术较典型的比赛进行仔细分析与研究。所谓泛看，就是要大量观看各种比赛，积累丰富的战术知识，从中寻找自身战术应用的灵感。

（二）提高战术意识

战术意识指的是散打运动员在比赛中根据不同情况决定自身采取何种战术行动的思维过程。培养散打运动员的思维能力非常重要。主要培养与训练方法有以下几种：

1.念动训练

念动训练又称“假想性训练”，指的是运动员在大脑中模拟比赛情境，假想面对各种不同对手和战术打法，运用相克的战术进行对抗的过程。

念动训练可以和空击练习结合起来进行综合练习。这有利于在培养运动员战术意识的同时提高其战术行动的质量。

2.选择训练

选择训练具体是指教练员从实际比赛的录像中剪辑各种战术打法的片段进行播放。当一种战术打法出现后按暂停，让运动员即刻做出战术打法的选择。这种方法可促进运动员思维敏捷性的提高，从而使其在赛场上能够快速做出决断。

3.实践体会

实践体会要求散打运动员在实战训练和比赛中，注意体会自我的心理过程，要善于筛除和调整不利于比赛的思维过程，保留有利于比赛成功的战术思维，并使这种战术思维在之后的实战训练中不断强化。

(三)掌握战术行动

1. 程序训练

程序训练指的是按照由简到繁、由易到难的顺序进行战术行动的训练。顺序一般是徒手空击的演练—递招喂手训练—适度对抗训练—模拟比赛训练—实战训练。在训练实践中，可结合实际情况适当调整顺序。

2. 减少难度训练

减少难度训练主要是指减少运动员对抗性的训练。例如，让大级别的运动员与较小级别的运动员进行对抗，但要求将对抗性降低。这样不仅可以促进运动员战术意识的提高，也可使其尽快掌握散打战术行动。对于散手初级运动员而言，这种训练方法是比较有效的。

3. 增加难度训练

增加难度训练就是要增加训练的对抗性，使其超过比赛中的对抗强度。例如，让运动员与稍大级别的运动员对抗；一人坐庄与多人轮番进行战术练习；或者在其已经疲劳时与他人实战等。该方法对于高级散打运动员而言更加适用。

(四)强化战术应用

1. 模拟交手比试

模拟交手比试指的是模拟各种比赛条件进行技战术训练，尤其是模拟主要对手的技术风格和打法，以及在比赛中对手可能采用的战术等。这种训练方法具有很强的针对性，一般在重大比赛前采用该方法进行训练。

2. 实战交手比试

实战比赛是检验运动员战术运用效果的最为有效的方法与手段。因此，要适当让运动员参加实战比赛，并鼓励运动员多与不同打法的选手交手。

一般来说，在实战比赛前，教练员应和运动员共同对具体的战术计划进行制定，并设计 2～3 种实施方案，以便根据比赛中的不同情况灵活调整。比赛过程中，教练员应观察并记录运动员的战术表现，并在比赛间隙提出有效的意见和建议。比赛后应及时组织讨论、分析，做好总结工作，并提出改进训练计划的措施与方法。

第九章 散打运动员训练的科学保障研究

参与相应的运动训练都需要有一定的科学保障，这对散打运动员参与散打训练来说也是如此。参与运动训练和比赛的运动员会产生一定的身体疲劳，并消耗大量的能量，同时也很难避免出现一些运动伤病。为此，只有提供相应的科学保障，才能帮助运动员补充足够的营养，以及预防和治疗运动伤病，进而使运动员更好地参与训练，获得理想的运动成绩。本章就散打运动训练的科学保障进行研究，内容包括散打运动员训练疲劳与消除、营养与恢复以及运动性伤病与救治。

第一节 散打运动员训练疲劳与消除

一、训练疲劳的定义

所谓训练疲劳是指在训练过程中，运动员通过承担运动负荷所引起的身体机能下降的现象。

1982 年，在第 5 届国际运动生化学术会议上，将疲劳定义为"机体生理过程不能持续其机能在特定水平上或/和不能维持预定的运动强度"。这个定义的特点是把人体运动性疲劳，体内组织、器官的机能水平和运动能力两个方面结合起来评定疲劳的发生和疲劳的程度，有助于选择客观的指标来评定疲劳。

二、训练疲劳的机制

世界上关于疲劳的研究有近百年的历史。关于运动员训练疲劳产生机制的理论，最具代表性的有“衰竭”学说，认为疲劳产生的原因是能量物质的耗竭；有“堵塞”学说，认为疲劳的产生是由于代谢产物在器官、组织中的堆积；有“内环境稳定性失调”学说，认为疲劳是由于血液 pH 值下降，水盐代谢紊乱和血浆渗透压改变等因素引起的结果；有“保护性抑制”学说，认为无论是体力还是脑力疲劳是由于大脑皮质产生了保护性抑制。训练疲劳可以分为躯体疲劳和心理疲劳。躯体疲劳主要表现为运动能力下降，心理疲劳主要表现为行为的改变。总而言之，训练疲劳的发生和发展不是单一因素造成的，而是机体多因素综合性发生变化的结果。

三、训练疲劳的作用

训练负荷是训练内容、训练方法、训练运动量的客观反映，训练疲劳是运动负荷、训练效果在人体机能上的客观反映。任何运动项目运动员技术水平、运动成绩的提高，都与人体机能做功规律、运动项目活动规律、竞技能力训练规律有关。站在人体机能做功、人体机能改善的角度，可以说没有运动员的适度疲劳就没有运动员的科学训练，训练疲劳是提高机体做功能力的重要途径。

四、训练疲劳消除的意义

关于运动训练能够提高运动员竞技能力的原理，一种是“机能超量恢复”说，还有一种是“机能适应”说。“机能超量恢复”是指训练产生疲劳以后，疲劳的消除机能不但能够恢复而且能够超过原来的水平。“机能适应”是指训练疲劳产生了机能的不适应，疲劳消除以后出现了新的适应，不断地从不适应到适应，以此来提高机能的水平。

不管是哪一种学说，都没有离开训练疲劳和疲劳消除这两个基本的要素。可以得出这样一个结论，没有运动员训练的适度疲劳和训练后的疲劳消除就没有运动员的科学训练。训练疲劳和疲劳消除对于提高运动员的竞技能力是一把双刃剑，必须引起教练员、运动员的高度重视。

五、训练疲劳消除的方法

(1)拉伸法：采用各种牵拉的手段，对身体各部位的关节、肌肉进行拉伸，使训练造成的肌纤维紧缩变得松弛，便于血液循环。

(2)调息法：采用缓慢、深长的方法，反复地进行深呼吸，便于呼吸系统的气体交换、吐故纳新。

(3)按摩法：采用捏、揉、搓、按等手法，放松肌肉疲劳的重点部位，既能使肌肉松弛也能加快血液循环。

(4)震动法：采用能够边震动、边摇摆的专门放松器材，对身体的各个部位进行整理放松。

(5)悬垂法：双手抓住类似单杠的物体，使自己的双脚离地悬垂进行左右摆动，可以起到放松、拉伸肌肉的作用。

(6)倒立法：双手支撑身体，两脚靠在物体上，形成倒立的姿势，能够加快身体的血液循环。

(7)吸氧法：利用高压氧舱，在 2～2.5 个标准大气压下吸入高压氧，可使血氧含量增加，二氧化碳浓度下降。

(8)热浴法：可以采用在热水池中浸泡、蒸桑拿等手段，促进全身血液循环，加速新陈代谢。

第二节 散打运动员的营养与恢复

一、散打运动员所需营养素

(一)糖——碳水化合物

糖又被称为“碳水化合物”,是自然界中存在最多、分布最广的一类有机化合物。绿色植物的根、茎、叶及果实中都含有诸如葡萄糖、果糖、蔗糖、淀粉和纤维素等糖类物质,在动物的组织和血液中也含有葡萄糖、糖原和含糖复合物等糖类物质。糖可分为三类(表 9-1)。

表 9-1 糖的分类

分类	亚组	组成
单糖	单糖	葡萄糖、半乳糖、核糖、果糖等
寡糖(2～10)	双糖	蔗糖、麦芽糖、乳糖、海藻糖等
	糖醇	山梨醇、甘露醇等
	异麦芽低聚糖	麦芽糊精等
	其他寡糖	棉籽糖、水苏糖、低聚果糖等
多糖(⩾10)	淀粉	直链淀粉、支链淀粉、变性淀粉
	非淀粉多糖	纤维繁、半纤维素、果胶等

糖作为一种营养素是组成生物体的重要成分之一,并在生物体内发挥重要的生物学作用。糖是人体运动时最重要的能源物质,糖原和葡萄糖都可通过无氧和有氧代谢的方式释放能量。根据散打运动的特点,运动员体内糖储备的多少及其动用速率是影响运动训练时体能的最重要因素。

糖的生物学功能在运动中主要表现为以下几个方面：

(1)可储存和提供机体运动时所需的能量。

(2)具有降低蛋白质分解的作用。

(3)可调节脂肪代谢。

(4)是中枢神经系统和红细胞的主要燃料。

(二)蛋白质

人体内一切最基本的生命活动过程几乎都与蛋白质有关。“生命是蛋白体的存在方式”,揭示了蛋白质在生命活动中的作用。人体的生长、发育、繁殖、遗传以及运动等一切生命活动都离不开蛋白质。蛋白质是构成和修补人体组织的主要成分,也是调节人体生理机能的主要物质。

蛋白质的生物学功能主要体现在以下几个方面：

(1)以酶的形式起催化作用。

(2)组成有机体的结构成分。

(3)是运输各种物质的载体,并可以储存某些物质。

(4)某些蛋白质具有激素的功能,调节物质能量代谢。

(5)产生和传递神经冲动或细胞调节功能。

(6)参与能量代谢。

(7)免疫保护。

(三)脂类

脂类广泛存在于动植物体内,也是人体重要的组成成分。脂类可分为脂肪、复合脂和类脂三大类。复合脂又分为磷脂、糖脂和脂蛋白,而类脂则主要是脂类固醇及其衍生物。人体脂类的脂肪酸是由饱和脂肪酸和不饱和脂肪酸构成,大多数不饱和脂肪酸是人体所必需的,但不能合成,必须通过食物提供,这部分不饱和脂肪酸称为必需脂肪酸。不饱和脂肪酸在人体生命活动中发挥着极为重要的作用,因此必须在膳食中提供充足的脂类物质。

脂类在人体中的生物学作用如下：

(1)构成机体组织的组成成分。

(2)是血液中脂肪及类脂等不溶于水脂类物质的转运载体。

(3)具有防震保护和保温隔热的作用。

(4)是脂溶性维生素吸收的载体。

(5)脂肪是人体的主要能量来源。

(6)是合成胆汁酸、固醇类激素的前体。

(四)水

水是仅次于氧气的维持生命所必需的物质,是维持人体正常生理活动的最重要的营养素之一。人体含水量占体重的60%~70%,分布于机体所有的组织细胞内,一旦丧失水分达20%时,生命就根本无法维持下去。

水的生物学功能主要体现在以下几个方面:

(1)构成体液。

(2)维持电解质平衡。

(3)是所有化学反应进行的场所。

(4)调节体温。

(5)润滑作用。

(6)运输作用。

当水代谢失调时,机体内环境发生紊乱,进而影响人体正常的生理机能。因此,水对生命的重要作用是通过调节机体内环境的稳定来实现的。

(五)维生素

维生素是一类维持人体正常生理功能和健康所必需的低分子有机化合物,这类物质只需少量即可满足维持正常生理功能的需要。虽然需要量很少,但由于这类物质在人体内不能合成或者合成量不足,必须通过膳食提供。一旦维生素缺乏将引起人体生理功能障碍和疾病。维生素的种类繁多,化学结构差异非常大,通常根据维生素的溶解性质将其分为两大类,即脂溶性维生素和水溶性维生素(表 9-2)。虽然维生素绝大多数不构成身体组织，也不能分解供热，但其营养价值是通过组成辅酶的形式参与体内的物质和能量代谢，并通过抗氧化和促进免疫功能发挥其生物学功能。因此，维生素是代谢调节、维持生理功能所不可缺少的营养素。

表 9-2　维生素的种类与功能

维生素名称		生物学功能	主要来源
脂溶性维生素	维生素 A	为视紫质成分，是硫酸转移酶的辅酶	鱼肝油、肝脏、奶油、胡萝卜素、绿色叶菜、水果
	维生素 D	诱导钙载体蛋白质的生物合成，调节钙磷代谢，促进钙、磷吸收，调节免疫机能	鱼肝油、肝脏、奶油、蛋黄、动物瘦肉、坚果类
	维生素 E	抗氧化、维持细胞膜完整、保持正常免疫功能	谷类胚芽、植物油、水产品
	维生素 K	促进凝血酶原的合成	苜蓿、菠菜
水溶性维生素	维生素 B_1	构成 α-酮酸氧化脱羧酶系的辅酶，维持神经传导	酵母、谷皮、麦麸、瘦肉
	维生素 B_2	以黄素腺嘌呤二核苷酸和黄素单核苷酸两种辅酶形式参与多种酶的构成，参与机体抗氧化系统和能源物质代谢	肝脏、酵母、蛋黄、黄色蔬菜、黄豆
	维生素 PP(B_5)	是构成菸酰胺腺嘌呤二核苷酸、菸酰胺腺嘌呤二核苷酸磷酸的成分，参与能量代谢	豆类、酵母、肝脏、瘦肉
水溶性维生素	维生素 B_6	是转氨酶的辅酶，参与糖代谢，并是许多神经介质合成和代谢的必需物质，参与一碳单位代谢	酵母、米糠、麦皮、肝脏、海产品、瘦肉
	维生素 B_{12}	以甲基 B_{12} 和辅酶 B_{12} 参与机体生化反应，与骨髓造血机能有关	肉类、家禽、水产品、蛋类、乳制品和豆制品

续表

维生素名称		生物学功能	主要来源
水溶性维生素	叶酸(B_{11})	为一碳基团转移酶的辅酶,提供甲基,参与造血	酵母、肝脏、叶菜
	泛酸(B_3)	组成辅酶A的成分	蔬菜、酵母、肝脏
	生物素(B_7)	与脂肪合成、二氧化碳固定有关	酵母、肝脏
	维生素C	作为羟化过程底物和酶的辅助因子,抗氧化,促进铁吸收,提供机体免疫力	新鲜水果、新鲜叶菜、柿子椒
	维生素P	维持毛细血管正常渗透功能	橘皮、柠檬、槐花

(六)矿物质

矿物质是人体的组成成分,约占体重的5%。其中,含量较多的有钙、磷、钾、硫、氯、钠、镁七种元素。每日体内需要量在十分之几克到几克,称为常量元素。其他元素机体每日需要量从百万分之几克(微克)到千分之几克(毫克),称为“微量元素”。已知人体必需的微量元素有铬、铜、氟、碘、铁、锰、铝、硒、硅和锌等14种。矿物质在体内虽然不供给能量,但对维持机体正常功能具有重要的作用。矿物质主要通过膳食来提供,其吸收部位主要在小肠。人体矿物质的丢失途径主要通过尿、汗和粪便。

矿物质的主要生物学功能如下:

(1)构成机体组织的重要组织成分。

(2)维持机体渗透平衡,对细胞内外水分的转移和物质交流十分重要。

(3)维持体液的酸碱平衡和内环境稳定。

(4)维持神经、肌肉的兴奋性。

(5)是某些酶和激素的重要组成成分。

(6)是组成血红蛋白、肌红蛋白的主要成分。

(七)食物纤维

食物纤维属于碳水化合物类物质，但由于组成食物纤维的葡萄糖构型与组成淀粉的葡萄糖构型不同，人体不能利用食物纤维来提供能量。以前食物纤维由于不能被人体直接利用而没有被列为营养素，近年来的研究发现，食物纤维对人体具有极为重要的作用，故将食物纤维称为“第七营养素”。食物纤维主要存在于粗粮、蔬菜和水果中，在日常膳食中应多吃一些粗粮和蔬果类食物，从中获取充足的食物纤维。

食物纤维在机体中所具有的生物学作用如下：

(1)在肠道中促进发酵作用，有利于各种营养素的消化和吸收。

(2)促进肠蠕动，有利于排泄。

(3)可以吸附肠道中代谢的有毒物质，促进排泄，预防结肠癌。

(4)可以吸收肠道中的油脂，有助于控制体重。

(5)可吸收消化道中的胆固醇，从而有利于缓解心脑血管疾病的发生。

二、散打运动员运动训练恢复的物理手段

(一)充足的睡眠

在消除疲劳方面，充足的睡眠是其中的基本方法之一，也是促使体力得以恢复必不可少的过程。良好的睡眠不但可以保证体力的恢复，而且人体的生长激素在睡眠过程中会大量分泌，其分泌的数量与睡眠时间、次数和睡眠质量都有密切关系，生长激素具有促进机体各种物质快速合成的作用。因此，充足和高质量的睡眠有利于运动员身体机能的恢复。散打运动员应保证一天两次高质量的睡眠，午睡应在 2 小时左右，而晚上的睡眠时间应

保证不得少于8小时。

(二)理疗

理疗是利用各种物理治疗手段来加速肌肉疲劳的消除。目前运动队采用的理疗方式主要有远红外线治疗仪、红外线治疗仪、热敷、针灸等方式。无论采用哪种方式,都是通过促进机体的血液循环、加速代谢产物的消除和营养物质的转运,缓解肌肉的挛缩,从而促进肌肉疲劳的消除。

(三)按摩

按摩是一种良好的物理刺激,对神经系统可起兴奋和抑制作用,通过神经反射,影响各器官的功能,同时缓解运动训练过程中所造成的肌肉挛缩,对促进肌肉疲劳的消除十分有利。按摩时的手法、作用强度、持续时间等因素对神经系统的影响,是通过神经体液的调节机制和经络的传感进行的,起到调整身体机能状况、增强人体免疫功能和抗病能力的作用。按摩使肌肉中毛细血管扩张,使被按摩肌群的营养改善,有利于加速肌肉中的乳酸清除,因而可产生消除疲劳、缓解肌肉挛缩、提高肌肉工作能力的效果。按摩还可增强肌腱和韧带的弹性和活动幅度,从而使关节活动范围增大,有利于关节活动障碍的早日恢复。因此,按摩是消除疲劳的重要手段。按摩可用手、水或电动器械进行。

(四)热水浴和桑拿浴

训练或比赛后进行热水浴,可促进全身血液循环和新陈代谢,加速代谢产物的消除,有利于营养物质的运输和肌肉机械性疲劳的消除。热水浴的温度一般为40℃左右,每次10～15分钟,不要超过20分钟,浴后睡觉。桑拿浴同样可以加速全身血液循环和新陈代谢,加速代谢产物的消除,有利于营养物质的运输和肌肉机械性疲劳的消除。目前,桑拿浴是运动员普遍采用的一种运动后促进疲劳消除的物理手段。但值得注意的是,进行桑拿浴时应注意运动员的个体反应，切忌时间过长，导致机体脱水过多而发生昏厥等不利于健康的现象。

第三节　散打运动员运动性伤病与救治

一、散打运动损伤的现场急救和处理

（一）急救的原则和注意事项

在进行急救时，要做好以下两点：

首先解决主要问题，即救命在先，做好休克的防治。损伤时伤员常因出血、疼痛而发生休克。在现场急救时，要注意预防休克，若发生休克，必须优先抢救。

其次，骨折、关节脱位、严重软组织损伤或合并其他器官损伤时，应做好伤部的包扎固定，以便安全转运和预防并发症。

急救必须分秒必争，力求迅速、准确、有效，做到快救、快送医院处理。救护人员要保持镇静，切不可惊慌失措或顾此失彼，即使出现危急情况也应镇静并有条不紊地进行抢救工作。经急救处理后，应陪伴伤员到医院，并向医生介绍发病情况和急救经过。

（二）休克及其急救处理

休克是人体遭受体内外各种强烈刺激（如剧烈疼痛和大量出血）后发生的一种全身急性循环衰竭综合征。有效循环血量的锐减导致组织器官的缺氧和代谢紊乱，若不及时抢救，可引起伤员的死亡。

1. 病因

(1)过度疲劳、饥饿、寒冷、酷暑等，是休克发生的重要诱因，

并能加重休克程度。

(2)损伤导致大血管破裂、腹部挫伤合并肝脾破裂等大出血引起血容量突然降低,使有效循环血量不足。这种情况较少见。

(3)骨折、脱位、严重软组织损伤、睾丸挫伤后的剧烈疼痛引起周围血管扩张,使有效循环血量相对减少。这是引起散打运动员休克的主要原因。

2. 征象

休克的发生分为兴奋期和抑制期。

(1)兴奋期

休克的兴奋期紧跟损伤而出现,它是抑制期的前导,只持续几分钟乃至数秒钟。此期伤员多表现为烦躁不安、呻吟和叫唤,表情紧张,面色苍白,脉搏快而有力,呼吸急促,血压正常或稍高。若能及时抢救可避免进入抑制期。

(2)抑制期

伤员出现明显病容,如精神萎靡,表情淡漠,口渴,头晕,出冷汗,四肢发凉,呼吸急促,脉搏快而无力,血压下降。严重者出现发绀(面色、口唇青紫)、昏迷。

3. 急救

立即让伤员平卧休息,保暖但勿过热,以免皮肤血管扩张而影响内脏器官的血流量并增加机体耗氧量。昏迷患者,应松解衣领,侧偏头部,将舌牵出口外以保持呼吸道通畅,必要时可给氧或人工呼吸。针刺或用手指掐点人中、内关、足三里、合谷等穴。针刺时用强刺激手法。骨折或脱位的伤员,应做必要的急救固定。伤处有出血时,应及时采取适当的方法止血,疑有内出血的患者,应尽快送医院处理。疼痛剧烈时应给镇痛剂和镇静剂,以减轻痛苦,防止休克加重。

休克是严重而危险的病理状态,在进行现场急救的同时,应迅速请医生处理,或尽快将伤员送到医院。

(三)骨折及其急救处理

骨折是指骨的连续性遭到破坏,分为完全性骨折、不完全性骨折(如骨裂)、开放性骨折和闭合性骨折。在散打运动中,由于强烈的对抗性,骨折时有发生。一旦发生骨折或疑似骨折时,应按相关要求进行现场急救。

1.骨折的征象与诊断要点

(1)剧烈疼痛。发生骨折的当时,疼痛较轻,但随后疼痛加重,活动肢体时更痛。持续剧痛可引发休克。

(2)明显的肿胀和瘀血。骨和周围软组织血管破裂,导致局部明显出血和肿胀。

(3)独特畸形。完全骨折时,常因暴力作用和肌肉痉挛,使骨折断端移位,出现伤肢缩短、侧突成角或旋转畸形。

(4)假关节活动和骨擦音。四肢长骨完全骨折时,骨折处出现类似关节的异常活动,称假关节活动。移动肢体时因断端相互摩擦而出现骨擦音,这是完全性骨折的特有征象。在检查时要谨慎小心,决不可有意去寻找异常活动和骨擦声,以免加重损伤和增加伤员痛苦。

(5)敏锐压痛和震痛。骨折处有敏锐的压痛,轻轻叩击远离骨折的部位,在骨折处出现疼痛加重。

(6)功能障碍。因疼痛、肌肉痉挛、骨杠杆作用破坏和周围软组织损伤等造成功能障碍,肢体多不能站立、行走或活动。

独特畸形、假关节活动、骨擦音是骨折的三大特殊症状,有其中之一者,即可确诊有骨折存在。其他作为可疑征象,尚须最后拍 X 光片确诊,尤其是骨裂。

症状较轻的骨折常无明显的全身症状,严重骨折可因剧痛、出血或神经损伤而发生休克。

2.骨折的急救原则

(1)防治休克。严重骨折、多发性骨折或同时合并其他损伤的伤员，易发生休克。急救时要注意预防休克，若有休克必须先治休克，再处理骨折。

(2)就地固定。骨折后及时用夹板固定，以避免断端移动，防止损伤加重。由于固定后伤肢较为稳定，因此可减轻疼痛，且便于伤员转运。而未经固定切不可随意移动伤员，尤其是大腿、小腿和脊柱骨折的伤员。

(3)先止血再包扎伤口。伤员有伤且出血时，应先止血，清洗创面，再包扎伤口并固定。为暴露伤口，可剪开衣服、鞋袜，切忌用手脱下。

3. 包扎固定注意事项

夹板的长短和宽窄要适宜，使骨折处的上下两个关节都固定。若无夹板时，可用树枝、竹片等代用品。夹板要用绷带或软布包垫，夹板的两端、骨突部和空隙处要用棉花或软布填妥，防止引起压迫性损伤；肢体明显畸形而影响固定时，可将伤肢沿纵轴稍加牵引后再固定；缚扎夹板的绷带或宽布条应缚在骨折处的上下段；固定要牢靠，松紧度应适中，过松则失去固定作用，过紧会压迫神经血管。因此，四肢骨折固定时应露出指(趾)端，若发现指(趾)端苍白、发麻、发凉、疼痛或成青紫色，应立即松解夹板，重新固定。上肢骨折固定后，用悬臂带将患臂挂于胸前，下肢骨折固定后，可将患腿与健腿捆缚在一起。经固定后尽快将伤员送到医院，争取及早治疗。

(四)关节脱位及其急救处理

关节脱位，又被称为“脱臼”，是指关节面之间失去了正常的连接关系。散打运动中最常见的是肩关节脱位。在关节发生脱位时，由于暴力作用还可伴有关节囊撕裂和关节周围软组织牵拉伤，严重时还可伤及神经或伴有骨折。

1. 关节脱位的征象与诊断要点

(1)疼痛、压痛、瘀血、肿胀。受伤关节周围广泛疼痛、压痛，组织损伤严重时，瘀血、肿胀明显。习惯性脱位时症状较轻或不明显。

(2)特有的畸形。关节脱位使关节骨端脱离正常的位置，关节周围的骨性标志相互关系发生改变，破坏了患肢原有的轴线，整个肢体呈一种特殊的姿势并与健侧不对称，如肩关节脱位时的“方肩畸形”、肘关节后脱位时的“靴样畸形”。触摸关节周围也可发现移位的骨端。

(3)弹性固定。脱位后关节周围未断裂的肌肉痉挛可将脱位的骨端保持在特殊的位置上，对此关节做任何被动运动时，虽然有一定的活动度，但存在弹性阻力，当去除外力后，又会回到原来的特殊位置，这种体征称为“弹性固定”。

(4)功能障碍。关节结构异常，其周围肌肉的损伤、疼痛，使关节失去正常活动功能。

特有畸形和弹性固定是关节脱位后的特有体征，其中任何一项都可确诊关节脱位的存在。最后尚须到医院通过 X 线检查，可确定脱位的具体情况及是否伴有骨折。

2. 关节脱位的急救原则

关节脱位后，在没有医生或整复技术时，不可随意施行关节整复手术，以免加重关节周围软组织损伤。其急救原则与骨折基本相同。伤后应立即用夹板、绷带或三角巾将伤肢固定于脱位时所形成的姿势，尽快送到医院，争取及早复位。

二、散打运动员常见运动性伤病的诊断与治疗

(一)散打运动员常见的运动性损伤

1. 擦伤

擦伤是皮肤受到粗糙物体表面的外力摩擦所致，皮肤被擦破

后主要表现为出血或组织液渗出。散打运动员踢靶、打靶或相互对抗时，脚面、手、臂、口、眉、鼻等部位都有可能出现擦伤。

创口浅、面积小、无异物污染的皮肤擦伤，训练和比赛时可直接喷上“好得快”等同类药物后继续训练和比赛。待比赛、训练结束后，用生理盐水或凉开水洗净创口，周围用75%酒精棉球消毒，创口上涂抹2%的红汞药水或1%～2%的龙胆紫液，待干即可，无须包扎。但面部擦伤最好不用紫药水涂抹，关节附近的擦伤也不宜使用暴露疗法，因为干裂后既影响运动又易感染，还有可能波及关节，可采用5%～10%的磺胺软膏或青霉素软膏涂敷。

大面积的擦伤，易受感染，应先用碘酒或酒精在伤口周围消毒，再用生理盐水清除伤口异物，外敷凡士林或1‰雷弗奴尔纱布，用胶布固定。对于污染较严重的伤口，先将异物彻底清除，再用纱布覆敷伤口，由医生清创后，还要施用抗菌药物和注射破伤风抗毒血清。感染的伤口应每日换药。

2. 撕裂伤

散打运动中的撕裂伤多发生于面部，尤其是眼角、眉弓部，还有额部、唇部，主要是由于暴力打击所致。唇部还可因护齿或牙齿切割黏膜而致伤。

当发生面部撕裂伤以后，为了继续比赛，可先用生理盐水冲洗，再用肾上腺素液棉球压迫止血，后用粘胶封合。待比赛结束后再详细处理或到医院做治疗。

眼角、眉弓及额等其他部位撕裂伤，轻者可先用2.5%的碘酒和75%的酒精将伤口周围皮肤消毒，再用消毒纱布覆盖，加压包扎，伤口小者，可用粘膏粘合即可。伤口大、深或污染重者，应及时送医院，由医务人员做清创术，清除污染、异物和坏死组织，彻底止血，缝合伤口，口服或注射抗菌药物以防感染，注射破伤风抗毒血清。

口唇部切割伤，应视口腔黏膜的溃烂和肿胀程度不同，酌情处理。轻者用生理盐水洗净后用消毒棉球压迫止血即可，重者送医院后先用生理盐水洗刷，再清创、止血和缝合，并口服或注射抗菌药物以防感染及预防破伤风。

3. 挫伤

挫伤是钝性暴力作用人体某部时，引起皮下及深部组织闭合性损伤。在散打运动中，相互冲撞、被踢打，或失衡倒地时，自我保护不合理，碰击在器械上（如擂台边缘），都有可能发生挫伤。轻者仅是皮下组织（如肌肉、韧带等）挫伤，重者（如头、胸、腹部和睾丸挫伤）常因某些器官的损伤而合并休克。在散打运动中比较常见的是股四头肌和小腿前部挫伤。

(1)征象

疼痛（先轻后重，一般持续 24 小时）、压痛、出血、肿胀、功能障碍。出血可表现为瘀点、瘀斑及皮下组织中局限性积血（血肿）。挫伤重者疼痛和功能障碍较明显。

复杂性挫伤因伴有一些合并症而较为严重，如头部挫伤后，轻者可发生脑震荡，重者可能会造成颅骨骨折而合并脑挫伤以至危及运动员的生命。大、小腿肌肉挫伤严重时，可引起股四头肌及腓肠肌肌肉或肌腱断裂，后期有时还会出现继发钙质沉着化骨，形成化骨性肌炎。胸部挫伤可合并肋骨骨折，甚至肺脏损伤形成气胸或血胸。睾丸挫伤可因剧烈疼痛而引起休克。腰腹部挫伤可合并肾挫伤和肝、脾破裂而引起内出血和休克。少数挫伤可继发感染性化脓。严重的挫伤形成的血肿有时会妨碍血液循环，引起局部肌肉的缺血性挛缩。

(2)处理

对于单纯性挫伤，立即施行局部冷敷后外敷新伤药，加压包扎，抬高伤肢。对于复杂性的挫伤，如有休克症状时，应首先进行抗休克处理，再将伤员放在适当位置休息。如果睾丸挫伤，应以三角带吊起，卧床局部冷敷。胸肋部、腰腹部、头部挫伤伴有严重合并症时应在局部冷敷、止血、止痛处理后急送医院。肌肉、肌腱断裂者在将肢体包扎固定后，送医院治疗。

4.肌肉肌腱拉伤

由于肌肉主动地猛烈收缩，其收缩力超过了肌肉本身所承担的能力，或肌肉受力牵伸时，超过了肌肉本身特有的伸展程度时，就会造成肌肉拉伤。拉伤可发生在肌腹或肌腱交界处或腱的附着处。由于致伤力的大小和作用性质不同，可引起肌肉、肌腱部分纤维断裂、完全断裂或微细损伤。除肌肉本身的拉伤外，常可同时合并肌肉周围的辅助结构如筋膜、腱鞘和滑囊的损伤。

比赛或训练前准备活动不充分，肌肉的弹性伸展性差，长时间训练和连续比赛，疲劳积累，肌肉会有僵硬、酸痛感，力量减弱，协调性差，注意力不集中，都有可能造成肌肉拉伤。

(1)征象

局部疼痛、压痛、肿胀，肌肉紧张、发硬、痉挛，功能发生障碍。当受伤肌肉主动收缩或被动拉长时疼痛加重，肌肉收缩抗阻力试验为阳性。肌肉断裂者，受伤时会有明显感觉，常能听到断裂声，受伤部位肿胀明显，皮下瘀血严重，局部用手可摸到凹陷或一端异常膨大。

(2)处理

肌纤维轻度拉伤及有肌痉挛者，用针刺法(阿是穴斜刺法)或伤部局部注射肾上腺皮质激素类药物可以取得很好的疗效。肌纤维部分断裂者，伤后马上给予冷敷、局部加压包扎、适当制动、抬高伤肢，并将患肢放在使受伤肌肉松弛的位置以减轻疼痛。在48小时后可进行按摩(揉、捏、搓或点穴)，但手法要轻缓。对怀疑有肌肉、肌腱完全断裂者，应在局部加压包扎固定患肢后，立即送医院确诊，必要时进行手术缝合。

5.击昏

击昏是一种近似休克的非常严重的情况，击昏时伴随出现的是机体机能的急剧障碍。在散打运动中，下腭、鼻梁、颞部、颈部侧面、腹腔神经丛部、两侧肋骨下方受重击时，均可发生昏迷现象。

(1)症状与诊断

击昏的典型症状是步态不稳、摇摇晃晃、状如醉酒,或倒地,意识丧失(时间长短不等)、脉搏减弱、呼吸表浅、血压降低、肌张力减低、腱反射减弱。

(2)急救和处理

发生击昏后,立即平卧休息,意识丧失者可使用催醒法(嗅氨水、掐人中等),必要时注射强心剂。没有合并症者一般愈后良好。

6.脑震荡

脑震荡是颅脑损伤中最轻的一种急性闭合性损伤。一般是指头部遭受暴力作用后,脑的神经组织受震荡而引起大脑暂时性的意识和机能障碍,无明显器质性病变,但脑震荡可与其他颅脑损伤(颅内血肿、脑挫伤、颅骨骨折)合并存在,故应引起重视。

(1)征象

头部受伤后即刻发生轻度的短时意识障碍,轻者几秒钟,重者也不超过半小时。昏迷时全身肌肉松弛无力,面色苍白,瞳孔放大,皮肤和腱反射减弱或消失,脉搏细弱,呼吸表浅。患者清醒后有逆行性健忘症(即对受伤情景甚至受伤前一段时间的事不能回忆,但对往事能清楚记忆),常伴有头痛、头晕、耳鸣、心悸、失眠等症状,少数患者可能会有恶心、呕吐、心烦不安、注意力不集中等现象,并可因头部活动或情绪紧张而加重。以上症状大多于数日后逐渐减轻或消失。

(2)处理

急救时,必须让伤员安静、平卧、保暖,不可随意搬动和让伤员坐或站立。昏迷不醒者,可掐人中或嗅氨水使之苏醒。

治疗期间,应嘱患者短期(一两周)卧床休息,保持安静和良好睡眠状态,直至头痛、恶心等症状消失为止:不要过早参加运动,否则有可能带来后遗症。此外,还可给予适当的药物治疗,如头痛者可用去痛片，恶心、呕吐者可给予氯丙嗪，心情烦躁、忧虑失眠者可服用安定，亦可配合针灸、按摩等手段治疗。

由于脑震荡可与颅内血肿或脑挫伤并存，因此伤员经过急救处理后，应卧床静息，严密观察，以便及时发现其他严重颅脑损伤。如有下列症状之一者，提示可能有严重的颅脑损伤，应立即送医院处理，即昏迷时间在5分钟以上；耳、口、鼻流脑脊液或血液；清醒后头昏、恶心、呕吐剧烈；两瞳孔不对称或变形；清醒后有颈项强直或出现第二次昏迷。

在护送去医院时，患者应平卧，头侧用衣物等固定，避免摇晃及震动，以免加重病情。治疗休息期间，不能参加任何训练和比赛，否则会引起后遗症。

可采用“闭目举臂平衡试验”“指鼻试验”来初步判断平衡与协调能力，以决定其是否痊愈和恢复体育活动。

7.脑挫伤

脑组织挫伤也是头部遭受暴力作用所致，但比脑震荡严重，有器质性病理改变。轻者仅软脑膜下有小出血点，神经细胞水肿、退变；重者可出现脑静脉瘀血、出血、肿胀及坏死；严重的颅内出血可危及生命。本症往往合并颅骨骨折及蛛网膜下腔出血。

(1)脑挫伤的征象与诊断要点

①持续性意识丧失及昏迷。轻者类似脑震荡，重者深度昏迷，可延续数小时至数日、数周不等。一般30分钟内清醒者多属脑震荡，30分钟后仍昏迷者多为脑挫伤。另外，清醒后又迅速昏迷者多为脑血肿。

②局灶症状为伤部对侧偏瘫、失语、呼吸异常、吞咽障碍。如果为脑干的原发损伤，除有持续性昏迷外，还会有大脑强直、瞳孔放大或缩小、双侧眼球外视。

(2)处理

症状轻者的处理原则同脑震荡；重者应急送医院住院观察，进行止血，减轻脑水肿，降低颅内压，预防合并症。

(3)注意事项

受伤后应保持呼吸通畅,防止误吸。脑损伤合并颈椎损伤者,在搬运时必须用护颈夹板固定头部,避免摇晃和震动。对于开放性脑损伤,应予以消毒包扎,如同时伴有休克发生,要注意抗休克处理。

8. 肩关节脱位

肩关节脱位常于运动员摔倒时,上臂外展、手或肘着地时发生。另外,上臂外展、肩关节突然过度背伸,或肩关节过度外旋时,也可能发生。

(1)诊断要点

①有明显的受伤史。

②肩关节疼痛及运动障碍。

③"方肩"畸形,即肩峰外突,失去原来的圆形,可伴有肢体缩短。

④X 线检查,看明确脱位的情况及有无骨折发生。

肩关节前脱位在喙突下或锁骨下能触摸到脱位的肱骨头。

(2)急救与处理

①急救固定法。取两块三角巾,一块用来悬挂前臂,屈肘90°,三角巾斜挎胸背部,在健侧肩上打结。另一块三角巾折叠成宽带,绕过患肢上臂,在健侧腋下打结。

②前脱位的简便复位法。在肩关节急性脱位半小时内,由于患处反射性地神经传导阻滞而处于麻木状态,不须麻醉就可复位。较为简单易行的足蹬拔伸复位法是:患者仰卧,术者坐于患侧床边与患者相对,将与其相邻之足跟置于伤员腋窝,紧贴胸臂并向外推挤上臂上端,双手握患肢腕部,以足跟顶住腋窝做持续牵引,并逐渐内收、内旋其上肢,即可使其复位。如果没有熟练掌握整复技术,不可随意施术,以免加重损伤。

③肩关节习惯性脱位者,多是由于肩胛盂的前部盂唇或盂缘撕裂,或肱骨头外上方的压缩变形,致使关节不稳而经常脱出。

患此症者一般需手术治疗,否则不能从事转肩动作较多的活动。

9. 肩袖损伤

肩袖的主要功能是稳定肩关节,使肱骨头紧密靠着肩关节盂。肩袖损伤是由于肩关节反复超常范围运动,使肩袖受到肩峰、肱骨头与喙肩韧带的不断挤压、摩擦,或肌肉的反复牵拉,使肌腱、滑囊发生微细损伤而致的劳损病症。

(1)诊断

肩袖损伤时,肩外展疼痛,有时会向上臂、颈部放射,肩外展或伴内、外旋时,疼痛加重。压痛局限于肩峰与肱骨大结节之间。疼痛弧试验为阳性,即上臂外展上举或从上往下放时,在 60°~120°的弧度内出现疼痛,少于或超过这个弧度时疼痛消失。肩外展、外旋抗阻力试验为阳性。急性期常伴有三角肌疼痛,慢性期则继发三角肌萎缩乏力。肩袖肌腱断裂少见,完全断裂者,不能肩外展,出现“耸肩”。

(2)处理

急性期上臂置于外展 30°位置,适当休息、理疗、针灸、按摩、外敷中药或痛点注射封闭,效果较好。在痛点注射强的松龙,或醋酸氢化可的松加 1%奴弗卡因溶液 10~20 毫升,止痛后便可恢复活动,但不可反复应用。怀疑有肌腱断裂者,送医院进一步检查或处理。

10. 肘关节内侧软组织损伤

肘关节内侧软组织损伤是指尺侧腕屈肌群和旋前圆肌在肱骨内上髁附着处,及肘关节囊和尺侧副韧带的牵拉性损伤。突然摔倒时,前臂外展、外旋撑地或突然猛烈的直拳击空(尺侧腕屈肌群被突然强力牵拉),以及突然猛力勾拳动作(尺侧腕屈肌群和旋前圆肌强烈收缩),都是造成这类损伤的典型动作。

(1)征象

大多数患者有急性受伤史,伤后肘内侧疼痛,肘关节伸展活动稍微受限，肘在重复受伤的动作时疼痛，局部肿胀，组织撕裂时可见皮下瘀血。肘内侧压痛，多在肱骨内上髁和屈腕肌群或旋前圆肌的起始部。肘关节被动外展出现疼痛为韧带损伤；屈肘、屈腕、前臂旋前抗阻力疼痛加重为肌肉损伤。

(2)处理

损伤急性期患肢应停止运动，局部以强的松龙加奴弗卡因痛点封闭，效果较好。此外，还可配合理疗、外敷中药或按摩，都能收到较好的疗效。按摩手法可在局部做推、揉、分筋、理筋、点穴和肘关节屈伸运动。

11. 掌骨骨折

在散打运动中，常见的是掌腕关节的拇指掌骨基底部骨折和第五、第二掌骨颈部骨折。运动员戴拳套而又没捆好保护绷带，或在空手进行训练时，如果掌骨沿纵轴受到暴力打击，就会发生此类骨折。例如，运动员用勾手拳以拇指击中对方时，常导致掌腕关节的拇指掌骨基底部骨折；以直拳击中对方，常会产生第五、第二掌骨颈部骨折。

(1)征象

掌腕关节的拇指掌骨基底部骨折常合并掌腕关节脱位。伤肢拇指的腕掌关节部的桡背侧明显突出、压痛，拇指外展、内收和对指活动受限。X 线可辅助诊断。掌骨颈骨折时，伤后掌骨成“低头”畸形，致使掌指关节的背侧隆起变得低平（有时因局部肿胀遮盖了这种畸形）。

(2)处理

掌腕关节的拇指掌骨基底部的骨折，应急送医院复位处理。应该注意的是，此类骨折复位容易而固定困难，常因复位后再脱位或固定不理想，结果形成一个疼痛僵直的关节，外展、内收和对指活动受限。因此，在 X 线检查复位满意后，应制动 5 周，以确保痊愈，否则应在石膏上加粗铁丝，将拇指做持续牵引固定。

掌骨颈骨折复位容易。复位后应将伤指固定于 90°屈曲位，石膏固定3周便可。

12.腰部急性扭伤

腰部急性扭伤，又称“闪腰”，有明显的外伤史，可发生在肌肉、韧带、筋膜及小关节部位。90%的病例发生在腰骶部和骶髂关节。腰痛可于伤后立即出现，也可一两天后出现。运动员自身腰、骶部肌力不足，也是造成急性腰扭伤的内在因素。

(1)征象

①肌肉轻度扭伤。患处隐痛，随意运动受限，不能弯腰，24～28小时后症状达高峰。扭伤严重时因肌痉挛可引起脊柱生理曲线改变。腰肌扭伤时疼痛可牵涉到下肢，但仅局限在臀部，大腿后部和小腿感觉正常。

②棘上韧带与棘间韧带扭伤。扭伤后局部的棘突上或棘突间有明显而局限的压痛，过度向前弯腰时疼痛加重，而向后伸腰时疼痛较轻。如果疼痛剧烈，压痛处韧带松弛而有凹陷，腰前屈时棘突间距离增大，提示可能为韧带完全断裂。

③筋膜破裂。腰部扭伤造成的腰背筋膜破裂，多发生在骶棘肌鞘部和髂嵴上、下缘。患处有明显压痛，弯腰和腰扭转时疼痛较重，腰伸展时疼痛较轻。其余征象与肌肉扭伤相似。

④小关节交锁。往往发生于肌肉无活动准备的仓促弯腰扭转动作，受伤当时即有腰部剧烈疼痛，成保护性强迫体位，不敢做任何活动，亦惧怕任何搬动，尤其不能做腰后伸活动，几乎整个腰部肌肉都处于紧张僵直状态，走路时以手扶腰，步态迟缓，惧怕触动。疼痛位置较深，不易触到压痛点，但叩击伤处可引起震动性剧烈疼痛。

(2)处理

急性腰扭伤的患者一般应卧床休息，仰卧于有垫子的木板床，腰部垫一薄枕，以便放松腰肌，也可以与俯卧位相间交替，避免受伤组织受牵扯和受凉，以利修复。轻度扭伤休息2～3天，较重扭伤需休息一周左右。

伤后即可进行穴位按摩或针灸，在人中、肾俞、大肠俞、委中等穴位上施以手法，以产生较强的得气感，一般都能止痛并使腰部活动度增加。小关节交锁者在放松后施行脊柱旋转复位法，效果迅速。

腰椎侧扳法：伤员侧卧，上面的腿屈曲，下面的腿伸直。术者双手分别按在患者的肩部和臀部并做反方向运动，当腰部转到最大范围时，稍稍施重力扳动，常可听到"咔嗒"声，症状立即缓解。

此外，急性腰部扭伤后还应配合外贴活络止痛膏，内服活络止痛药以及拔罐、针灸、理疗、局部注射强的松龙等方法，以取得更好的疗效。

13.腰部劳损

腰部肌肉、韧带和筋膜因长期反复地牵拉、紧张所致的慢性积累性损伤。无明显的急性外伤史，逐渐发生。

(1)征象与诊断

有长期反复慢性腰痛史或多次外伤史。腰部酸胀疼痛，沉困、僵硬活动不利。疼痛为一侧或两侧不等，范围较大，有时可牵涉到臀部，疼痛在久坐、久立、劳累和天气变化时加重，休息和得暖或轻微按摩后即可减轻。在脊柱活动过程中，特别是前屈时会在某一角度出现明显腰痛。劳损部位触诊有压痛或酸胀反应、硬结或痉挛的条索状肌肉。X 线下有时可见腰椎畸形。

(2)处理

按摩和体疗是治疗腰痛的重要方法。

按摩疗法对腰部劳损引起的腰部肌肉痉挛和组织粘连最为有效，能达到减轻或消除腰痛的目的。按摩一般采用重手法治疗，即按压、推、滚、揉、摩、弹筋、分筋、叩击等，可每次依此顺序进行按摩，也可选择其中若干手法有机组合。穴位按摩可取肾俞、大肠俞、环跳、委中等穴，每次按摩 10～20 分钟，每日或隔日 1 次。

体疗的目的是加强腰、腹肌锻炼，以增强腰背肌的弹性和耐力，协调腰腹部肌肉的平衡性，提高脊柱的稳定性、灵活性和耐久力，改善肌肉供氧状态，松解粘连。因此，过多地卧床休息是不适当的。体疗的原则是在不引起疼痛和肌肉痉挛的前提下进行肌肉静力性收缩锻炼，持之以恒必会收效，如仰卧举腿或三点支撑、俯卧“飞燕”等均可。锻炼时 4 拍为一遍，然后还原，松弛肌肉，每次至少做 30 遍。

针灸、理疗、强的松龙痛点注射、反悬（倒挂）疗法、内服活络止痛药物等，对治疗腰部劳损有一定辅助作用。

14. 髂腰肌血肿（股神经麻痹）

散打运动员比赛中相互抱摔、转体侧踹动作，以及后倒地时自我保护不当，均可引起腰部肌肉猛烈收缩而损伤髂腰肌，出现髂腰肌下血肿，此血肿常压迫神经引起股神经麻痹。

(1)征象

①受伤后髂窝部即刻疼痛且逐渐加重，患肢不能直立。

②卧位时髋成屈曲外旋畸形，强迫伸直时疼痛。

③当血肿形成压迫股神经时，股四头肌麻痹，大腿前部知觉障碍，特别是膝部知觉消失。

④在髂骨窝部可触到有压痛的肿块（血肿），穿刺时可抽出积血。

⑤X 线检查时可见到腰大肌部阴影异常。

(2)处理

治疗时宜采用卧床休息，局部冷敷后沙袋加压止血，并用止血、镇痛及预防感染的药物。要尽量减少出血，如已形成血肿，应尽早抽出积血，以免血肿压迫股神经引起永久性的股神经麻痹。

(二)散打运动员常见的运动性疾病

1. 运动性血尿

在肉眼或显微镜下尿中有血或血细胞，称为“血尿”。血尿是一种临床征象，起因很多，单纯由于剧烈运动所致的称为运动性血尿。运动性血尿在散打运动员中的发病率较高，一些研究表明，专业水平越高发病率越高，男性多于女性。

运动性血尿发生的主要原因，是剧烈运动或大负荷运动所致。散打运动员血尿发生的机制如下：

第一，肾静脉压增高和肾脏发生瘀血，使红细胞渗出。

第二，肾缺血缺氧影响肾小球的正常生理功能，使毛细血管通透性增加，导致红细胞渗出。

第三，泌尿系统器官微细损伤引起肾出血，使尿中出现红细胞。

(1)诊断与鉴别诊断

运动性血尿一般在运动后即刻出现，血尿的明显程度与运动量、运动强度、腰部的技术动作和身体的震动活动多少有关。若血尿出现后停止运动，则会迅速消失，一般不超过三天。除血尿外，一般无其他征象。血液化验、肾功能检查、腹部 X 线平片及肾盂造影等项检查均正常。

运动后出现血尿，除运动性血尿外，还可能由于一些器质性疾病和外伤引起，因此应加以鉴别诊断。

常见能引起血尿的器质性疾病有以下几种，但其血尿程度一般与运动量无明显关系，同时还有其本身一些特有的症状，具体如下。

①肾小球肾炎。浮肿、尿少、尿蛋白、血压高。

②泌尿系统感染(如肾盂肾炎、肾结核、膀胱炎、膀胱结核等)。血尿、脓尿和尿频、尿急、尿痛，尿液细菌培养呈阳性。

③泌尿系统结石。肾绞痛、尿频、尿急、尿少或尿中断，腹部 X 线平片或肾盂造影可发现结石。

④其他还有泌尿系统的肿瘤、肾下垂、肾先天性畸形等。

外伤性血尿是运动时腰部受到钝物打击或摔倒，造成肾脏挫伤所致。这类患者一般都有腰部受伤史和腰痛症状。

(2)处理

若运动员出现血尿，应仔细问诊和检查，由专科医生做出明确诊断。

运动性血尿诊断成立后，轻者可以参加训练，但要减少运动量，加强医务监督，同时给予适当治疗。例如，对反复发作或镜下血尿持续不消者，可用大剂量的维生素C、维生素K和适当的止血剂(安络血或中草药)等。伴有身体机能下降者，可用ATP和维生素B_{12}，补充蛋白质和铁剂。

运动性血尿运动员的训练安排与医务监督，一般的意见认为，对肉眼所见运动性血尿者，如血尿出现次数多、反复发生、持续时间长，不管有无征象均应暂时停止运动训练，采取必要的治疗。对镜下所见运动性血尿的运动员，或偶发者，可照常参加训练和比赛，但应严格控制运动量、运动强度和减少腰部活动，禁止大强度训练和比赛，同时加强医务监督，经常做尿液检查，如多次在镜下检查红细胞超过5个，也应减少运动量，少于5个时可继续训练和比赛。

运动性血尿一般愈后良好。

2. 低血糖症

正常人的血糖维持在一定的水平(80～120毫克每百克血液)，当血糖低于55毫克每百克血液时，可出现一系列症状，称为"低血糖症"。

散打运动训练和比赛中发生的低血糖症，大部分是由于在控制体重过程中进行正常训练，或者比赛前控制体重和运动前饥饿，体内肝糖原储备不足，不能及时补充血糖的消耗所致。另外，赛前情绪过分紧张或身体状态不佳，使中枢神经系统调节糖代谢的功能紊乱，引起胰岛素分泌量增加，也是造成或加剧低血糖症的原因之一。

(1)征象

患者感到非常饥饿、头晕、乏力、心慌心跳、面色苍白、出虚汗。较重者神志模糊、语言不清、精神错乱、躁动不安,甚至惊厥、昏迷。检查脉搏快而弱,血压无明显变化或昏倒前血压升高而昏倒后血压降低,呼吸短促,瞳孔扩大。化验血糖明显降低(55毫克每百克血液以下)。

(2)急救

使患者平卧,注意保暖,神志清醒的可喝糖水并吃少量食品,一般短时间后即可恢复。若昏迷,可针刺或掐点人中、足三里、合谷等穴,并迅速请医生处理。这时若能静脉注射50%的葡萄糖50~100毫升,提高血糖浓度,就可使病情迅速好转。

3.运动性贫血

贫血是血液中红细胞数和血红蛋白值低于正常数值的一种临床表现,它可由多种病因引起,不是一种独立的疾病。运动员发生贫血,除一般性病因外(急性或慢性失血、感染、疾病、中毒等,使红细胞破坏过多、造血原料缺乏或造血功能不全),还有一种独特的运动训练性致病因素所致的贫血,称为运动性贫血。运动性贫血的发生率约占所有运动员的20%~35%,女性高于男性。运动性贫血的类型,绝大多数属缺铁性贫血(低血红蛋白、小红细胞型),少数为溶血性贫血(正常红细胞型),个别患者为混合性贫血。

运动训练对机体的红细胞和血红蛋白有一定的影响,影响的程度与运动负荷量、运动员的训练状态和身体机能状况有较大的关系,还与运动训练的季节、运动员的营养和年龄等因素有一定的关系。运动性贫血通常由红细胞被破坏,或蛋白质和铁的消耗与摄入不足引起。

(1)征象

运动性贫血发病缓慢,主要症状有头昏、眼花、耳鸣,乏力、易疲倦、食欲不佳、体力活动能力差,以及运动时出现心悸、气促、心跳加快和运动成绩下降等。主要体征有眼结膜苍白、皮肤发白无血色、安静时心率加快、运动后心率恢复减慢、心脏听诊时可发现心尖部有吹风样收缩期杂音。血液检查时可发现红细胞和血红蛋白值低于正常数值(男子红细胞数低于400万/立方毫米、血红蛋白值低于12克每百克血液。女子红细胞数低于350万/立方毫米、血红蛋白值低于10.5克每百克血液)。

患者症状的轻重程度与血红蛋白的多少及运动量的大小密切相关。当男运动员的血红蛋白值在11克每百克血液,女运动员在10克每百克血液至10.5克每百克血液时,往往在大运动量训练时才有征象;血红蛋白男低于10克每百克血液,女低于9克每百克血液时,在中等运动量训练时就会出现征象;严重贫血时,小运动量训练时则会表现出明显的征象。

明确诊断应在全面详细的医学检查后做出,以便排除其他原因所引起的病理性贫血。但有一点可以作为教练员和医生诊断的参考依据,即运动性贫血的特点是,如果运动量减少或停止运动训练一段时间后(一个月左右),红细胞数和血红蛋白量明显增加;如果训练停止后,营养供应(尤其是蛋白质、铁剂、维生素的供应)又较为充足和完善,但未见运动员的红细胞和血红蛋白量增加,或增加极少者,则应考虑为病理性贫血。

(2)处理

应减少运动量,必要时停止正常训练。一般来说,当男运动员的血红蛋白值在10克每百克血液至12克每百克血液、女运动员在9克每百克血液至10克每百克血液时,可边治疗边训练,但要减小负荷强度和负荷量;当血红蛋白男低于10克每百克血液,女低于9克每百克血液时,应停止大、中运动量的训练和耐力练习,而以治疗为主。如为严重贫血,则应停止一切运动训练,积极进行治疗。膳食要富于营养,应含较多的蛋白质、铁质和维生素。可服用抗贫血药物,如硫酸亚铁、橼酸铁胺、富血铁、力勃隆等。为促进铁的吸收,可同时服用维生素C和胃蛋白酶合剂。对口服疗效差或口服后胃肠反应大者,可采用肌注铁剂或补血中草药。对严重的贫血病例,必要时可考虑输血疗法。

参考文献

[1]熊亚兵.散打教学与训练导论[M].北京:北京体育大学出版社,2017.

[2]李耀章.中国体育发展困局与出路——以散打项目为例[M].北京:北京体育大学出版社,2016.

[3]崔建功.武术散打运动教程[M].北京:北京体育大学出版社,2016.

[4]李永刚.高校武术课程分析与教学创新研究[M].北京:中国纺织出版社,2016.

[5]朱瑞琪.武术散打技术理论与裁判[M].北京:人民体育出版社,2015.

[6]叶伟.散打运动训练理论与实践[M].北京:人民体育出版社,2004.

[7]周争蔚.散打教学与训练[M].北京:人民体育出版社,2010.

[8]曾于久.武术散打训练新论[M].北京:人民体育出版社,2013.

[9]王占京.实用散手技法[M].北京:人民体育出版社,2006.

[10]王智慧.散打技术与实战训练[M].北京:人民体育大学出版社,2012.

[11]武兵,武冬,王宏强.散打基础技法精要[M].合肥:安徽科学技术出版社,2012.

[12]程啸斌.散打技击学[M].南昌:江西人民出版社,2011.

[13]黄生勇,金马."十三五"体育俱乐部系列丛书:武术散打[M].西安:西安电子科技大学出版社,2015.

[14]马传浩.最受欢迎的全民健身项目指导用书:散打(彩图版)[M].长春:吉林文史出版社,2015.

[15]王韵博.当代运动与艺术潮流:散打和击剑的技术与训练[M].长春:吉林出版集团有限责任公司,2015.

[16]王继珍.实用武术套路和散打教学理论与实践研究[M].济南:济南出版社,2015.

[17]陈庆合.大学体育教程[M].北京:中国铁道出版社,2015.

[18]田云平,孙岩.散打[M].长春:吉林出版集团有限责任公司,2008.

[19]胡玉华,马景卫.散打[M].长沙:湖南大学出版社,2005.

[20]李云县,张雪松.散打[M].昆明:云南大学出版社,2007.

[21]黄美好.散打[M].广州:广东高等教育出版社,2006.

[22]张瑞林.散打[M].北京:高等教育出版社,2005.

[23]次春雷.散打[M].长春:吉林科学技术出版社,2012.

[24]吕晓滨.散打[M].呼和浩特:内蒙古人民出版社,2009.

[25]骆广才.武术散手技法[M].杭州:浙江大学出版社,2015.

[26]梁燕飞,侯邢晨,屠建华.跆拳道、散手及自卫防身术[M].北京:清华大学出版社,2015.

[27]中国散手编写组.中国散手[M].北京:人民体育出版社,2014.

[28]丁峰.散手攻防与擒拿控制技术[M].北京:新华出版

社,2008.

[29]刘贝.散打训练中意识的培养与应用[J].廊坊师范学院学报(自然科学版),2015(02).

[30]王晓敏.散打运动员体能训练的科学性分析[D].陕西师范大学,2014.